《湘西苗族民间传统文化丛书》
编 委 会

总　序

刘昌刚

　　苗族是一个古老的民族，也是一个世界性的民族。据 2010 年第六次全国人口普查统计，我国苗族有 940 余万人，主要分布在贵州、湖南、云南、四川、广西、湖北、重庆、海南等省区市；国外苗族约有 300 万人，主要分布于越南、老挝、泰国、缅甸、美国、法国、澳大利亚等国家。

一

　　《苗族通史》导论记载：苗族，自古以来，无论是在文臣武将、史官学子的奏章、军录和史、志、考中，还是在游侠商贾、墨客骚人的纪行、见闻和辞、赋、诗里，都被当成一个神秘的"族群"，或贬或褒。在中国历史的悠悠长河中，苗族似一江春水时涨时落，如梦幻仙境时隐时现，整个苗疆，就像一本无字文书，天机不泄。在苗族人生活的大花园中，有着宛如仙境的武陵山、缙云山、梵净山、织金洞、九九洞以及花果山水帘洞似的黄果树大瀑布等天工杰作；在苗族的民间故事里，有着极古老的蝴蝶妈妈、枫树娘娘、竹筒兄弟、花莲姐妹等类似阿凡提的美丽传说；在苗族的族群里，嫡传着槃瓠（即盘瓠）后世、三苗五族、夜郎子民、楚国臣工；在苗族的习尚中，保留着八卦占卜、易经卜算、古傩祭祀、老君法令和至今仍盛行着的苗父医方、道陵巫术、三峰苗拳……在这个盛产文化精英的民族中，走出了蓝玉、沐英、王宪章等声震全国的名将，还诞生了熊希龄、滕代远、沈从文等政治家、文学家、教育家。闻一多在《伏羲考》一文中认为延维或委蛇指伏羲，是南方苗之神。远古时期居住在东南方的人统称为夷，伏羲是古代夷部落的大首领。苗族人民中确实流传着伏羲和女娲的传说，清初陆次云的《峒溪纤志》载："苗人腊祭曰报草。祭用巫，设女娲、伏羲位。"历史学家芮逸夫在《人类学集刊》上发表的《苗族洪水故事与伏羲、女娲的传说》中说："现代的人类学者经过实地考察，才得到这是苗族传说。据此，苗族全出于伏羲、女娲。他们本为兄妹，遭遇洪水，人烟断绝，仅此二人存。他们在盘古的撮合下，结为夫妇，绵延人类。"闻一多还写过《东皇太一考》，经他考证，苗族里的伏羲就是《九歌》里的东皇太一。

《中国通史》（范文澜著，人民出版社1981年版第1册第19页）载："黄帝族与炎帝族，又与夷族、黎族、苗族的一部分逐渐融合，形成春秋时期称为华族、汉以后称为汉族的初步基础。"远古时代就居住在中国南方的苗、黎、瑶等族，都有传说和神话，可是很少见于记载。一般说来，南方各族中的神话人物是"槃瓠"。三国时徐整作《三五历纪》吸收"槃瓠"入汉族神话，"槃瓠"衍变成开天辟地的盘古氏。

在历史上，苗族为了实现民族平等，屡战屡败，但又屡败屡战，从不屈服。苗族有着悠久、灿烂的文化，为中华文化的形成和发展做出了巨大贡献，在不同的历史阶段，涌现出了许多可歌可泣的英雄人物。

苗族不愧为中华民族中的一个伟大民族，苗族文化是苗族几千年的历史积淀，其丰厚的文化底蕴成就了今天这部灿烂辉煌的历史巨著。苗族确实是一个灾难深重的民族，却又是一个勤劳、善良、富有开拓性与创造性的伟大民族。苗族还是一个世界性的民族，不断开拓和创造着新的历史文化。

历史上公认的是，九黎之苗时期的五大发明是苗族对中国文化的原创性贡献。盛襄子在其《湖南史述略·三苗考》中论述道："此族（苗族）为中国之古土著民族，曾建国曰三苗。对于中国文化之贡献约有五端：发明农业，奠定中国基础，一也；神道设教，维系中国人心，二也；观察星象，开辟文化园地，三也；制作兵器，汉人用以征伐，四也；订定刑罚，以辅先王礼制，五也。"

苗族历史可以分为五个时期：先民聚落期（原始社会时期）、拓土立国期（九黎时期至公元前223年楚国灭亡）、苗疆分理期（公元前223年楚国灭亡至1877年咸同起义失败）、民主革命期（1872年咸同起义失败到1949年中华人民共和国成立）、民族区域自治期（1949年中华人民共和国成立至今）。相应地，苗族历史文化大致也可以分为五个时期，且各个时期具有不尽相同的文化特征：第一期以先民聚落期为界，巫山人进化成为现代智人，形成的是原始文化，即高庙文明初期；第二期以九黎、三苗、楚国为标志，属于苗族拓土立国期，形成的是以高庙文明为代表的灿烂辉煌的苗族原典文化；第三期是以苗文化为母本，充分吸收了诸夏文化，特别是儒学思想形成高庙苗族文化；第四期是苗族历史上的民主革命期（1872年咸同起义失败到1949年中华人民共和国成立），形成了以苗族文化为母本，吸收了电学、光学、化学、哲学等基本内容的东土苗汉文化与西洋文化于一体的近现代苗族文化；第五期是苗族进入民族区域自治期（1949年中华人民共和国成立至今），此期形成的是以苗族文化为母本，进一步融合传统文化、西方文化、当代中国先进文化的当代苗族文化。

二

苗族是我国一个古老的人口众多的民族，又是一个世界性的民族。她以其悠久的历史和深厚的文化而著称于世，传承着历史文化、民族精神。由田兵主编的《苗族古歌》，马学良、今旦译注的《苗族史诗》，龙炳文整理译注的《苗族古老话》，是苗族古代的编年史和苗族百科全书，也是苗族最主要的哲学文献。

距今7800—5300年的高庙文明所包含的不仅是一个高庙文化遗址，其同类文化遍布亚洲大陆，其中期虽在建筑、文学和科技等方面不及苏美尔文明辉煌，却比苏美尔文明早2300年，初期文明程度更高，后期又不像苏美尔文明那样中断，是世界上唯一一直绵延不断、发展至今，并最终创造出辉煌华夏文明的人类文明。在高庙文化区域的常德安乡县汤家岗遗址出土有蚩尤出生档案记录盘。

苗族人民口耳相传的"苗族古歌"记载了祖先"蝴蝶妈妈"及蚩尤的出生：蝴蝶妈妈是从枫木心中变出来的。蝴蝶妈妈一生下来就要吃鱼，鱼在哪里？鱼在继尾池。继尾古塘里，鱼儿多着呢！草帽般大的瓢虫，仓柱般粗的泥鳅，穿枋般大的鲤鱼。这里的鱼给她吃，她好喜欢。一次和水上的泡沫"游方"（恋爱）怀孕后生下了12个蛋。后经鹤宇鸟（有的也写成鸡宇鸟）悉心孵养，12年后，生出了雷公、龙、虎、蛇、牛和苗族的祖先姜央（一说是龙、虎、水牛、蛇、蜈蚣、雷和姜央）等12个兄弟。

《山海经·卷十五·大荒南经》中也记载了蚩尤与枫树以及蝴蝶妈妈的不解之缘："有宋山者，有赤蛇，名曰育蛇。有木生山上，名曰枫木。枫木，蚩尤所弃其桎梏，是为枫木。有人方齿虎尾，名曰祖状之尸。"姜央是苗族祖先，蝴蝶自然是苗族始祖了。

澳大利亚人类学家格迪斯说过:"世界上有两个苦难深重而又顽强不屈的民族,他们就是中国的苗族和分散在世界各地的犹太民族。"诚如所言,苗族是一个灾难深重而又自强不息的民族。唯其灾难深重,才能在磨砺中锤炼筋骨,迸发出民族自强不屈的魂灵,撰写出民族文化的鸿篇巨制。近年来,随着国家民族政策的逐步完善,对寄寓在民族学大范畴下的民族历史文化研究逐步深入,苗族作为我国少数民族百花园中的重要一支,其悠远、丰厚的历史足迹与文化遗址逐步为世人所知。

苗族口耳相传的古歌记载,苗族祖先曾经以树叶为衣、以岩洞或树巢为家、以女性为首领。从当前一些苗族地区的亲属称谓制度中,也可以看出苗族从母权制到父权制、从血缘婚到对偶婚的演变痕迹。诸如此类的种种佐证材料,无不证明着苗族的悠远历史。苗族祖先凭借优越的地理条件,辛勤开拓,先后发明了冶金术和刑罚,他们团结征伐,雄踞东方,强大的部落联盟在史书上被冠以"九黎"之称。苗族历史上闪耀夺目的九黎部落首领是战神蚩尤,他依靠坚兵利甲,纵横南北,威震天下。但是,蚩尤与同时代的炎黄部落逐鹿中原时战败,从此开启了漫长的迁徙逆旅。

总体来看,苗族的迁徙经历了从南到北、从北到南、从东到西、从大江大河到小江小河,乃至栖居于深山老林的迁徙轨迹。五千年前,战败的蚩尤部落大部分南渡黄河,聚集江淮,留下先祖渡"浑水河"的传说。这一支经过休养生息的苗族先人汇聚江淮,披荆斩棘,很快就一扫先祖战败的屈辱和阴霾,组建了强大的三苗集团。然而,历史的车轮总是周而复始的,他们最终还是不敌中原部落的左右夹攻,他们中的一部分到达西北并随即南下,进入川、滇、黔边区。三苗主干则被流放崇山,进入鄱阳湖、洞庭湖腹地,秦汉以来不属王化的南蛮主支蔚然成势。夏商春秋战国乃至秦汉以降的历代正史典籍,充斥着云、贵、湘地南蛮不服王化的"斑斑劣迹"。这群发端于蚩尤的苗族后裔,作为中国少数民族的重要代表,深入武陵山脉心脏,抱团行进,男耕女织,互为凭借,势力强大,他们被封建统治阶级称为武陵蛮。据史料记载,东汉以来对武陵蛮的刀兵相加不可胜数,双方各有死伤。自晋至明,苗族在湖北、河南、陕西、云南、江西、湖南、广西、贵州等地辗转往复,与封建统治者进行了长期艰苦卓绝的不屈斗争。清朝及民国,苗族驻扎在云南的一支因战火而大量迁徙至滇西边境和东南亚诸国,进而散发至欧洲、北美、澳大利亚。

苗族遂成为一个世界性的民族!

三

苗族同胞在与封建统治者长期的争夺征战中，不断被压缩生存空间，又不断拓展生存空间，从而形成了其民族极为独特的迁徙文化现象。苗族历史上没有文字，却保存有大量的神话传说，他们有感于迁徙繁衍途中的沧桑征程，对天地宇宙产生了原始朴素的哲理认知。每迁徙一地，他们都结合当地实际，丰富、完善本民族文化内涵，从而形成了系列以"蝴蝶""盘瓠""水牛""枫树"为表象的原始图腾文化。苗族虽然没有文字，却有丰富的口传文化，这些口传文化经后人整理，散见于贵州、湖南等地流传的《苗族古歌》《苗族古老话》《苗族史诗》等典籍，它们承载着苗族后人对祖先口耳相传的族源、英雄、历史、文化的再现使命。

苗族迁徙的历程是艰辛、苦难的，迁徙途中的光怪陆离却是迷人的。他们善于从迁徙途中寻求生命意义，又从苦难中构建人伦规范，他们赋予迁徙以非同一般的意义。他们充分利用身体、语言、穿戴、图画、建筑等媒介，表达对天地宇宙的认识、对生命意义的理解、对人伦道德的阐述、对生活艺术的想象。于是，基于迁徙现象而产生的苗族文化便变得异常丰富。苗族将天地宇宙挑绣在服饰上，得出了天圆地方的朴素见解；将历史文化唱进歌声里，延续了民族文化一以贯之的坚韧品性；将跋涉足迹画在了岩壁上，应对苦难能始终奋勇不屈。其丰富的内涵、奇特的形式、隐忍的表达，成为这个民族独特的魅力，成为这个民族极具异禀的审美旨趣。从这个层面扩而大之，苗族的历史文化，便具备了一种神秘文化的潜在魅力与内涵支撑。苗族神秘文化最为典型的表现是巴代文化现象。从隐藏的文化内涵因子分析来看，巴代文化实则是苗族生存发展、生产生活、伦理道德、物质精神等文化现象的活态传承。

苗族丰富的民族传奇经历造就了其深厚的历史文化，但其不羁的民族精神又使得这个民族成为封建统治者征伐打压的对象。甚至可以说，一部封建史，就是一部苗族的压迫屈辱史。封建统治者压迫苗族同胞惯用的手段，一是征战屠杀，二是愚昧民众，历经千年演绎，苗族同胞之于本民族历史、祖先伟大事功，慢慢忽略，甚至抹杀性遗忘。

一个伟大民族的悲哀莫过于此！

四

历经苦难，走向辉煌。中华人民共和国成立后，得益于党的民族政策，苗族与全国其他少数民族一样，依托民族区域自治法，组建了系列具有本民族特色的少数民族自治机构，千百年被压在社会底层的苗族同胞，翻身当家做主人，他们重新直面苗族的历史文化，系统挖掘、整理、提升本民族历史文化，切实找到了民族的历史价值和民族文化自信。贵州和湖南湘西武陵山区一带，自古就是封建统治阶级口中的"武陵蛮"的核心区域。这一块曾经被统治阶级视为不毛之地的蛮荒地区，如今得到了国家的高度重视，中央整合武陵山片区4省市71个县市，实施了武陵山片区扶贫攻坚战略。作为国家区域大扶贫战略中的重要组成部分，武陵山区苗族同胞的脱贫发展牵动着党中央、国务院关注的目光。武陵山区苗族同胞感恩党中央，激发内生动力，与党中央同步共振，掀起了一场轰轰烈烈的脱贫攻坚世纪大战。

苗族是湘西土家族苗族自治州两大主体民族之一，要推进湘西发展，当前基础性的工作就是要完成两大主体民族脱贫攻坚重点工作，自然，苗族承担的历史使命责无旁贷。在这样的语境下，推进湘西发展、推进苗族聚集区同胞脱贫致富，就是要充分用好、用活苗族深厚的历史文化资源，以挖掘、提升民族文化资源品质，提升民族文化自信心；要全面整合苗族民族文化资源精华，去芜存菁，把文化资源转化为现实生产力，服务于我州经济社会的发展。

正是贯彻这样的理念，湘西土家族苗族自治州立足少数民族自治地区的民族资源特色禀赋，提出了生态立州、文化强州的发展理念，围绕生态牌、文化牌打出了"全域旅游示范区建设""国内外知名生态文化公园"系列组合拳，民族文化旅游业蓬勃发展，民族地区脱贫攻坚工作突飞猛进。在具体操作层面，州委、州政府提出了以"土家探源""神秘苗乡"为载体、深入推进我州文化旅游产业发展的口号，重点挖掘和研究红色文化、巫傩文化、苗疆文化、土司文化。基于此，州政协按照服务州委、州政府中心工作和民生热点难点的履职要求，组织相关专家学者，联合相关出版机构，在申报重点课题的基础上，深度挖掘苗族历史文化，按课题整理、出版苗族历史文化丛书。

人类具有社会属性，所以才会对神话故事、掌故、文物和文献进行著录和收传。以民族出版社出版、吴荣臻主编的五卷本《苗族通史》和贵州民族出版社出版的《苗族古歌》系列著作为标志，苗学研究进入了一个新的历史时期。

湘西土家族苗族自治州政协组织牵头的《湘西苗族民间传统文化丛书》是苗疆文化的主要内容和成果。它不但整理译注了浩如烟海的有关苗疆的历史文献，出版了史料文献丛书，还记录整理了苗族人民口传心录的苗族古歌系列、巴代文化系列等珍贵资料，并展示了当代文化研究成果。

党的十八大以来，以习近平同志为核心的党中央，以"一带一路"倡议为抓手，不断推进人类命运共同体建设，以实现中华民族伟大复兴的中国梦为目标，不断推进理论自信、道路自信、制度自信和文化自信。没有包括苗族文化在内的各个少数民族文化的复兴，也不会有完全的中华民族伟大复兴。

因此，从苗族历史文化中探寻苗族原典文化，发现新智慧、拓展新路径，从而提升民族文化自信力，服务湘西生态文化公园建设，推进精准扶贫、精准脱贫，实现乡村振兴，进而实现湘西现代化建设目标，善莫大焉！

此为序！

2018 年 9 月 5 日

专家序一

掀起湘西苗族巴代文化的神秘面纱

汤建军

　　2017 年 9 月 7 日，根据中共湖南省委安排，我在中共湘西州委做了题为"砥砺奋进的五年"的形势报告。会后，在湘西州社科联谭必四主席的陪同下，考察了一直想去的花垣县双龙镇十八洞村。出于对民族文化的好奇，考察完十八洞村后，我根据中共湖南省委网信办在花垣县挂职锻炼的范东华同志的热诚推荐，专程拜访了苗族巴代文化奇人石寿贵老先生，参观其私家苗族巴代文化陈列基地。石寿贵先生何许人也？花垣县双龙镇洞冲村人。他是本家祖传苗师"巴代雄"第 32 代掌坛师、客师"巴代扎"第 11 代掌坛师、民间正一道第 18 代掌坛师。石老先生还是湘西州第一批命名的"非物质文化遗产（以下简称'非遗'）保护"名录"苗老司"代表性传承人、湖南省第四批"非遗"名录"苗族巴代"代表性传承人、吉首大学客座教授、中国民俗学会蚩尤文化研究基地蚩尤文化研究会副会长、巴代文化学会会长。他长期从事巴代文化、道坛丧葬文化、民间习俗礼仪文化等苗族文化的挖掘搜集、整编译注及研究传承工作。一直以来，他和家人，动用全家之财力、物力和人力，经过近 50 年的全身心投入，在本家积累 32 代祖传资料的基础上，又走访了贵州、四川、湖北、湖南、重庆等周边 20 多个县市有名望的巴代坛班，通过本家厚实的资料库加上广泛搜集得来的资料，目前已整编译注出 7 大类 76 本

2500 多万字及 4000 余幅仪式彩图的《巴代文化系列丛书》，且准备编入《湘西苗族民间传统文化丛书》进行出版。这 7 大类 76 本具体包括：第一类，基础篇 10 本；第二类，苗师科仪 20 本；第三类，客师科仪 10 本；第四类，道师科仪 5 本；第五类，侧记篇 4 本；第六类，苗族古歌 14 本；第七类，历代手抄本扫描 13 本。除了书稿资料以外，石寿贵先生还建立起了 8000 多分钟的仪式影像、238 件套的巴代实物、1000 多分钟的仪式音乐、此前他人出版的有关苗族巴代民俗的藏书 200 余册以及包括一整套待出版的《湘西苗族民间传统文化丛书》在内的资料档案。此前，他还主笔出版了《苗族道场科仪汇编》《苗师通书诠释》《湘西苗族古老歌话》《湘西苗族巴代古歌》四本著作。其巴代文化研究基地已建立起巴代文化的三大仪式、两大体系、八大板块、三十七种类苗族文化数据库，成为全国乃至海内外苗族巴代文化资料最齐全系统、最翔实厚重、最丰富权威的亮点单位。"苗族巴代"在 2016 年 6 月入选第四批湖南省"非遗"保护名录。2018 年 6 月，石寿贵老先生获批为湖南省第四批非物质文化遗产保护项目"苗族巴代"代表性传承人。

走进石寿贵先生的巴代文化挖掘搜集、整编译注、研究及陈列基地，这是一栋两层楼的陈列馆，没有住人，全部都是用来作为巴代文化资料整编译注和陈列的。一楼有整编译注工作室和仪式影像投影室等，中堂为有关图片及字画陈列，文化气息扑面而来。二楼分别为巴代实物资料、文字资料陈列室和仪式腔调录音室及仪式影像资料制作室等，其中 32 个书柜全都装满了巴代书稿和实物，真可谓书山文海、千册万卷、博大精深、琳琅满目。

石老先生所收藏和陈列的巴代文化各种资料、物件和他本人的研究成果极大地震撼了我们一行人。我初步翻阅了石老先生提供的《湘西苗族巴代揭秘》一书初稿，感觉这些著述在中外学术界实属前所未闻、史无前例、绝无仅有。作者运用独特的理论体系资料、文字体系资料以及仪式符号体系资料等，全面揭露了湘西苗族巴代的奥秘，此书必将为研究苗族文化、苗族巴代文化学、中国民族学、民俗学、民族宗教以及苗族地区摄影专家、民族文化爱好者提供线索、搭建平台与铺设道路。我当即与湘西州社科联谭必四主席商量，建议他协助和支持石老先生将《湘西苗族巴代揭秘》一书申报湖南省社科普及著作出版资助。经过专家的严格评选，该书终于获得了出版资助，在湖南教育出版社得到出版。因为这是一本在总体上全面客观、科学翔实、通俗形象地介绍苗族巴代及其文化的书，我相信此书一定会成为广大读者喜闻喜阅、喜欣喜爱的书，一定能给苗族历代祖先以慰藉，一定能更好地传播苗民族文化精华，一定能深入弘扬中华民族优秀传统文化。

2017 年 12 月 6 日，我应邀在中南大学出版社宣讲党的十九大精神时，我结合如何策划选题，重点推介了石寿贵先生的苗族巴代文化系列研究成果，希望中南大学出版社在前期积累的基础上，放大市场眼光，挖掘具有民族特色的文化遗产，积极扶持石老先生巴代文化成果的出版。这个建议得到了吴湘华社长及其专业策划团队的高度重视。2018 年 1 月 30 日，国家出版基金资助项目公示，由中南大学出版社挖掘和策划的石寿贵编著的《巴代文化系列丛书》中的 10 本作为第一批《湘西苗族民间传统文化丛书》入选。该《丛书》以苗族巴代原生态的仪式脚本(包括仪式结构、仪式程序、仪式形态、仪式内容、仪式音乐、仪式气氛、仪式因果等)记录为主要内容，原原本本地记录了苗师科仪、客师科仪、道师绕棺戏科仪以及苗族古歌、巴代历代手抄本扫描等脚本资料，建立起了科仪的文字记录、图片静态记录、影像动态记录、历代手抄本文献记录、道具法器实物记录等资料数据库，是目前湘西苗族地区种类较为齐全、内容翔实、实物彩图丰富生动的原生态民间传统资料，充分体现了苗族博大精深、源远流长的文化内涵和艺术价值，对今后全方位、多视角、深层次研究苗族历史文化有着极其重要的价值和深远的意义。

从《湘西苗族民间传统文化丛书》中所介绍的内容来看，可以说，到目前为止，这套《丛书》是有关领域中内容最系统翔实、最丰富完整、最难能可贵的资料了。此套书籍如此广泛深入、全面系统、尽数囊括、笼统纳入，实为古今中外之罕见，堪称绝无仅有、弥足珍贵，也是有史以来对苗族巴代文化的全面归纳和科学总结。我想，这既是石老先生和他的祖上及其家眷以及政界、学界、社会各界对苗族文化的热爱、执着、拼搏、奋斗、支持、帮助的结果，也体现出了石寿贵老先生对苗族文化所做出的巨大贡献。这套丛书将成为苗族传统文化保护传承、研究弘扬的新起点和里程碑。用学术化的语言来说，这 300 余种巴代科仪就是巴代历代以来所主持苗族的祭祀仪式、习俗仪式以及各种社会活动仪式的具体内容。但仪式所表露出来的仅仅只是表面形式而已，更重要的是包含在仪式里面的文化因子与精神特质。关于这一点，石寿贵老先生在《丛书》中也剖析得相当清晰，他认为巴代文化的形成是苗族文化因子的作用所致。他认为：世界上所有的民族和教派都有不同于其他民族的文化因子，比如佛家的因果轮回、慈善涅槃、佛国净土，道家的五行生克、长生久视、清静无为，儒家的忠孝仁义、三纲五常、齐家治国，以及纳西族的"东巴"、羌族的"释比"、东北民族的"萨满"、土家族的"梯玛"等，无不都是严格区别于其他民族或教派的独特文化因子。由某个民族文化因子所产生出来的文化信念,在内形成了该民族的观念、性格、素质、气节和精神,在外则形成了该民族的风格、习俗、形象、身份和标志。通过内外因素的共同作用,形成支撑该民族生生不息、发展壮大、繁荣富强的不竭动力。苗族巴代文化的核心理念是人类的"自我不灭"真性,在这一文化因子的影响下,形成了"自我崇拜"或"崇拜自我、维护自我、服务自我"的人类生存哲学体系。这种理论和实践体现在苗师"巴代雄"祭祀仪式的方方面面,比如上供时所说的"我吃你吃,我喝你喝"。说过之后,还得将供品一滴不漏地吃进口中,意思为我吃就是我的祖先吃,我喝就是我的祖先喝,我就是我的祖先,我的祖先就是我,祖先虽亡,但他的血液却在我的身上流淌,他的基因附在我的身上,祖先的化身就是当下的我,并且一直延续到永远,这种自我真性没有被泯灭掉。同时,苗师"巴代雄"所祭祀的对象既不是木偶,也不是神像,更不是牌位,而是活人,是舅爷或德高望重的活人。这种祭祀不同于汉文化中的灵魂崇拜、鬼神崇拜或自然崇拜,而是实实在在的、活生生的自我崇拜。这就是巴代传承古代苗族主流文化(因子)的内在实质和具体内容。无怪乎如来佛祖降生时一手指天,一手指地,所说的第一句话就是:"天上地下,唯我独尊。"佛祖所说的这个"我",指的绝非本人,而是宇宙间、世界上的真性自我。

石老先生认为,从生物学的角度来说,世界上一切有生命的动植物的活动都是维护自我生存的活动,维护自我毋庸置疑。从人类学的角度来说,人类的真性自我不生不灭,世间人类自身的一切活动都是围绕有利于自我生存和发展这个主旨来开展的,背离了这个主旨的一切活动都是没有任何价值和意义的活动。从社会科学的角度来说,人类社会所有的科普项目、科学文化,都是从有利于人类自我生存和发展这个主题来展开的,如果离开了这条主线,科普也就没有了任何价值和意义。从人类生存哲学的角度来说,其主要的逻辑范畴,也是紧紧地把握人类这个大的自我群体的生存和发展目标去立论拓展的,自我生存成为最大的逻辑范畴;从民族学的角度来说,每个要维护自己生生不息、发展壮大的民族,都要有自己强势优越、高超独特、先进优秀的文化来作支撑,而要得到这种文化支撑的主体便是这个民族大的自我。

石老先生还说,从维护小的生命、个体的小自我到维护大的人类、群体的大自我,是生物世界始终都绕不开的总话题。因而,自我不灭、自我崇拜或崇拜自我、服务自我、维护自我,在历史上早就成为巴代文化的核心理念。正是苗师"巴代雄"所奉行的这个"自我不灭论"宗旨教义,所行持的"自我崇拜"的教条教法，涵盖了极具广泛意义的人类学、民族学以及哲学文化领域中的人类求生存发展、求幸福美好的理想追求。也正是这种自我真性崇拜的文化因子，才形成了我们的民族文化自信，锻造了民族的灵魂素质，成就了民族的精神气节，才能坚定民族自生自存、自立自强的信念意识，产生出民族生生不息、发展壮大的永生力量。这就充分说明，苗族的巴代文化，既不是信鬼信神的巫鬼文化，也不是重巫尚鬼的巫傩文化，而是从基因实质的文化信念到灵魂素质、意识气魄的锻造殿堂，是彻头彻尾的精神文化，这就是巴代文化和巫鬼文化、巫傩文化的本质区别所在。

乡土的草根文化是民族传统文化体系的基因库，只要正向、确切、适宜地打开这个基因库，我们就能找到民族的根和魂，感触到民族文化的神和命。巴代作为古代苗族主流文化的传承者，作为一个族群社会民众的集体意识，作为支撑古代苗族生存发展、生生不息的强大的精神支柱和崇高的文化图腾，作为苗族发展史、文明史曾经的符号，作为中华民族文化大一统中的亮丽一簇，很少被较为全面系统、正向正位地披露过。

巴代是古代苗族祭祀仪式、习俗仪式、各种社会活动仪式这三大仪式的主持者，更是苗族主流文化的传承者。因为苗族在历史上频繁迁徙、没有文字、不属王化、封闭保守等因素，再加上历史条件的限制与束缚，为了民族的生存和发展，苗族先人机灵地以巴代所主持的三大仪式为本民族的显性文化表象，来传承苗族文化的原生基因、木根元素、全准信息等这些只可意会、不可言传的隐性文化实质。又因这三大仪式的主持者叫巴代，故其所传承、主导、影响的苗族主流文化又被称为巴代文化，巴代也就自然而然地成为聚集古代苗族的哲学家、法学家、思想家、社会活动家、心理学家、医学家、史学家、语言学家、文学家、理论家、艺术家、易学家、曲艺家、音乐家、舞蹈家、农业学家等诸大家之精华于一身的上层文化人，自古以来就一直受到苗族人民的信任、崇敬和尊重。

巴代文化简单说来就是三大仪式、两大体系、八大板块和三十七种文化。其包括了苗族生存发展、生产生活、伦理道德、物质精神等从里到表、方方面面、各个领域的文化。巴代文化必定成为有效地记录与传承苗族文化的大乘载体、百科全书以及活态化石，必定成为带领苗族人民从远古一直走到近代的精神支柱和家园，必定成为苗族文化的根、魂、神、质、形、命的基因实质，必定成为具有苗族代表性的文化符号与文化品牌；必定成为苗族优秀的传统文化、神秘湘西的基本要素。

石老先生委托我为他的丛书写篇序言，因为我的专业不是民族学研究，不能从专业角度给予中肯评价，为读者做好向导，所以我很为难，但又不好拒绝石老先生。工作之余，我花了很多时间认真学习他的相关著述，总感觉高手在民间，这些文字是历代苗族文化精华之沉淀，文字之中透着苗族人的独特智慧，浸润着石老先生及历代巴代们的心血智慧，更体现出了石老先生及其家人一生为传承苗族文化所承载的常人难以想象的、难以忍受的艰辛、曲折、困苦、执着和担当。

　　这次参观虽然不到两个小时，却发现了苗族巴代文化的正宗传人。遇见石老先生，我感觉自己十分幸运，亦深感自己有责任、有义务为湘西苗族巴代文化及其传人积极推荐，努力让深藏民间的优秀民族文化遗产能够公开出版。石老先生的心愿已了，感恩与我们一样有这种情结的评审专家和出版单位对《湘西苗族民间传统文化丛书》的厚爱和支持。我相信，大家努力促成这些书籍公开出版，必将揭开湘西苗族巴代文化的神秘面纱，必将开启苗族巴代文化保护传承、研究弘扬、推介宣传的热潮，也必将引发湘西苗族巴代文化旅游的高潮。

　　略表数言，抛砖引玉，是为序。

（作者系湖南省社会科学界联合会党组成员、副主席，湖南省省情研究会会长、研究员）

专家序二

罗康隆

　　我来湘西20年，不论是在学校，还是在村落，听到当地苗语最多的就是
"巴代"（分"巴代雄"与"巴代扎"）。起初，我也不懂巴代的系统内涵，只知
道巴代是湘西苗族的"祭师"，但经过20年来循序渐进的认识与理解，我深
知，湘西苗族的"巴代"，并非用"祭师"一词就可以简单替代。

　　说实在的，我是通过《湘西苗族调查报告》和《湘西苗族实地调查报告》
这两本书来了解湘西的巴代文化的。1933年5月，国立中央研究院的凌纯
声、芮逸夫来湘西苗区调查，三个月后凌纯声、芮逸夫离开湘西，形成了《湘
西苗族调查报告》（2003年12月由民族出版社出版）。该书聚焦于对湘西苗
族文化的展示，通过实地摄影、图画素描、民间文物搜集，甚至影片拍摄，加
上文字资料的说明等，再现了当时湘西苗族社会文化的真实图景，其中包含
了不少关于湘西苗族巴代的资料。

　　当时，湘西乾州人石启贵担任该调查组的顾问，协助凌纯声、芮逸夫在
苗区展开调查。凌纯声、芮逸夫离开湘西时邀请石启贵代为继续调查，并请
国立中央研究院聘石启贵为湘西苗族补充调查员，从此，石启贵正式走上了
苗族研究工作的道路。经过多年的走访调查，石启贵于1940年完成了《湘西
苗族实地调查报告》（2008年由湖南人民出版社出版）。在该书第十章"宗教
信仰"中，他用了11节篇幅来介绍湘西苗族的民间信仰。2009年由中央民
族大学"985工程"中国少数民族非物质文化研究与保护中心与台湾"中央研
究院"历史语言研究所联合整理，在民族出版社出版了《民国时期湘南苗族调
查实录（1~8卷）（套装全10册）》，包括民国习俗卷、椎猪卷、文学卷、接龙
卷、祭日月神卷、祭祀神辞汉译卷、还傩愿卷、椎牛卷（上）、椎牛卷（中）、

椎牛卷(下)。由是,人们对湘西苗族"巴代"有了更加系统的了解。

我作为苗族的一员,虽然不说苗语了,但对苗族文化仍然充满着热情与期待。在我主持学校民族学学科建设之初,就将苗族文化列为重点调查与研究领域,利用课余时间行走在湘西的腊尔山区苗族地区,对苗族文化展开调查,主编了《五溪文化研究》丛书和《文化与田野》人类学图文系列丛书。在此期间结识了不少巴代,其中就有花垣县董马库的石寿贵。此后,我几次到石寿贵家中拜访,得知他不仅从事巴代活动,而且还长期整理湘西苗族的巴代资料,对湘西苗族巴代有着系统的了解和较深的理解。

我被石寿贵收集巴代资料的精神所感动,决定在民族学学科建设中与他建立学术合作关系,首先给他配备了一台台式电脑和一台摄像机,可以用来改变以往纯手写的不便,更可以将巴代的活动以图片与影视的方式记录下来。此后,我也多次邀请他到吉首大学进行学术交流。在台湾"中央研究院"康豹教授主持的"深耕计划"中,石寿贵更是积极主动,多次对他所理解的"巴代"进行阐释。他认为湘西苗族的巴代是一种文化,巴代是古代苗族祭祀仪式、习俗仪式、各种社会活动仪式这三大仪式的主持者,是苗族文化的传承载体之一,是湘西苗族"百科全书"的构造者。

巴代文化成为苗族文化的根、魂、神、质、形、命的基因实质。这部《湘西苗族民间传统文化丛书》含7大类76本2500多万字及4000余幅仪式彩图,还有8000多分钟仪式影像、238件套巴代实物、1000多分钟仪式音乐等,形成了巴代文化资料数据库。这些资料弥足珍贵,以苗族巴代仪式结构、仪式程序、仪式形态、仪式内容、仪式音乐、仪式气氛、仪式因果为主要内容进行记录。这是作者在本家32代祖传所积累丰厚资料的基础上,通过近50年对贵州、四川、湖南、湖北、重庆等省市周边有名望的巴代坛班走访交流,行程达10万多公里,耗资40余万元,竭尽全家之精力、人力、财力、物力,对巴代文化资料进行挖掘、搜集与整理所形成的资料汇编。

这些资料的样本存于吉首大学历史与文化学院民间文献室,我安排人员对这批资料进行了扫描,准备在2015年整理出版,并召开过几次有关出版事宜的会议,但由于种种原因未能出版。今天,它将由中南大学出版社申请到的国家出版基金资助出版,也算是了结了我多年来的一个心愿,这是苗族文化史上的一件大好事。这将促进苗族传统文化的保护,极大地促进民族精神的传承和发扬,有助于加强、保护与弘扬传统文化,对落实党和国家加强文化大发展战略有着特殊的使命与价值。

(作者为吉首大学历史文化学院院长、湖南省苗学学会第四届会长)

概　述

　　《湘西苗族民间传统文化丛书》以苗族巴代原生态的仪式脚本(包括仪式结构、仪式程序、仪式形态、仪式内容、仪式音乐、仪式气氛、仪式因果等)记录为主要内容,原原本本地记录了苗师科仪、客师科仪、道师绕棺戏科仪以及苗族古歌、巴代历代手抄本扫描等脚本资料,建立起了科仪文字记录、图片静态记录、影像动态记录、历代手抄本文献记录、道具法器实物记录等资料数据库,为抢救、保护、传承、研究这些濒临灭绝的苗族传统文化打牢了基础,搭建了平台,提供了必需的条件。

　　巴代是古代苗族祭祀仪式、习俗仪式、各种社会活动仪式这三大仪式的主持者,也是苗族主流文化的传承载体之一。古代苗族在涿鹿之战后因为频繁迁徙、分散各地、没有文字、不属王化、封闭保守等因素,形成了具有显性文化表象和隐性文化实质这二元文化的特殊架构。基于历史条件的限制与束缚,为了民族的生存和发展,苗族先人机灵地以巴代所主持的三大仪式为本民族的显性文化表象,来传承苗族文化的原生基因、本根元素、全准信息等这些只可意会、不可言传的隐性文化实质。因为三大仪式的主持者叫巴代,故其所传承、主导、影响的苗族主流文化又被称为巴代文化,巴代也就自然而然地成为聚集古代苗族的哲学家、史学家、宗教家等诸大家之精华于一身的上层文化人,自古以来就一直受到苗族人民的信任、崇敬和尊重。

　　巴代文化简单说来就是三大仪式、两大体系、八大板块和三十七种文化。其包括了苗族生存发展、生产生活、伦理道德、物质精神等从里到表、方方面面各个领域的文化。巴代文化必定成为有效地记录与传承苗族文化的大乘载体、百科全书以及活态化石，必定成为带领苗族人民从远古一直走到近代的精神支柱和家园，必定成为苗族文化的根、魂、神、质、形、命的基因实质；必定成为具有苗族代表性的文化符号与文化品牌，必定成为苗族优秀的传统文化之一、神秘湘西的基本要素。

苗族的巴代文化与纳西族的东巴文化、羌族的释比文化、东北民族的萨满文化、汉族的儒家文化、藏族的甘朱尔等一样，是中华文明五千年的文化成分和民族文化大花园中的亮丽一簇，是苗族文化的本源井和柱标石。巴代文化的定位是苗族文化的全面归纳、科学总结与文明升华。

近代以来，由于种种原因，巴代文化濒临灭绝。为了抢救这种苗族传统文化，笔者在本家 32 代祖传所积累丰厚资料的基础上，又通过近 50 年以来对贵州、四川、湖南、湖北、重庆等省市周边有名望的巴代坛班走访交流，行程 10 多万公里，耗资 40 余万元，竭尽全家之精力、人力、财力、物力，全身心投入巴代文化资料的挖掘、搜集、整编译注、保护传承工作中，到目前已形成了 7 大类 76 本 2500 多万字及 4000 余幅仪式彩图的《湘西苗族民间传统文化丛书》(以下简称《丛书》)有待出版，建立起了《丛书》以及 8000 多分钟的仪式影像、238 件套的巴代实物、1000 多分钟的仪式音乐等巴代文化资料数据库。该《丛书》已成为当今海内外唯一的苗族巴代文化资源库。

7 大类 76 本 2500 多万字及 4000 余幅仪式彩图的《丛书》在学术界也称得上是鸿篇巨制了。为了使读者能够在大体上了解这套《丛书》的基本内容，在此以概述的形式来逐集进行简介是很有必要的。

这套洋洋大观的《丛书》，是一个严谨而完整的不可分割的体系，按内容属性可分为 7 大类型，具体如下：

第一类：基础篇，共 10 本。分别是：《许愿标志》《手诀》《神符》《巴代法水》《巴代道具法器》《文疏表章》《纸扎纸剪》《巴代音乐》《巴代查病书》《湘西苗族民间传统文化丛书通读本》。

第二类：苗师科仪，共 20 本。分别是：《接龙》(第一、二册)，《汉译苗师通鉴》(第一、二、三册)，《苗师通鉴》(第一、二、三、四、五、六、七、八册)，《苗师"不青"敬日月车祖神科仪》(第一、二、三册)，《敬家祖》，《敬雷神》，《吃猪》，《土昂找新亡》。

第三类：客师科仪，共 10 本。分别是：《客师科仪》(第一、二、三、四、

五、六、七、八、九、十册)。

第四类:道师科仪,共 5 本。分别是:《道师科仪》(第一、二、三、四、五册)。

第五类:侧记篇,共 4 本。分别是:《侧记篇之守护者》《巴代仪式图片汇编》《预测速算》《傩面具图片汇编》。

第六类:苗族古歌,共 14 本。分别是:《古杂歌》,《古礼歌》,《古阴歌》,《古灰歌》,《古仪歌》,《古玩歌》,《古堂歌》,《古红歌》,《古蓝歌》,《古白歌》,《古人歌》(第一、二册),《汉译苗族古歌》(第一、二册)。

第七类:历代手抄本扫描,共 13 本。

本套《丛书》的出版将为抢救、保护、传承、研究这些濒临灭绝的苗族传统文化打牢基础、搭建平台和提供必需的条件;为研究苗族文化,特别是研究苗族巴代文化学、民族学、民俗学、民族宗教学等,以及这些学科的完善和建设做出贡献;为研究、关注苗族文化的专家学者以及来苗族地区的摄影者提供线索与方便。《丛书》的出版,将有力地填补苗族巴代文化学领域里的空缺和促进苗族传统文明、文化体系的完整,使苗族巴代文化成为中华民族文化大花园中的亮丽一簇。

石寿贵
2019 年秋于中国苗族巴代文化研究中心

前　言

在过去那医疗卫生条件不发达的年代里，人们一旦发现自己有了疾病伤痛，在用药久治不愈的前提下，便想到要向有关神灵许愿以求保佑其身体痊愈康复，这便是平时俗话所说的"神药两解"。因为许愿是表达良好康复的愿望，所以又叫作"良愿"。这种良愿的叩许不光只凭口头表达，还要有一种特定的物体来作为把凭（凭证）和标志，这种代表良愿的凭证物我们权且将它称作"愿标"。许愿的时候，先把这种特定的凭证物做好，并通过口头对此凭证物进行心愿的表述，然后将此愿标摆放在传统所规定的地方。到还愿时，进行了钩愿法事之后，将此愿标销毁焚化，才算了了心愿。因此，许愿又叫作"标良许愿"，许一个愿叫"一重良愿"，由于有心、有话、有标志物，因此又叫作"标了良愿一重、许了契愿一朵"，即一种作为心愿的凭证、契约的标志物。许愿的时候，先把愿标制作好，然后口头对该神表述心中之愿。对于神愿，传统有着十分细致的规定，即各种事件、各类病情、各种乞求都由各神管，有十分严格的针对性。也就是说，各事有各愿，各愿求各神，各神须各供，各神有各神的特定许愿标志物，敬神的场所有细致的区别。

本书第一篇《巴代叩许神愿》所介绍的各类愿标多达20余种，每种都标有神愿的名称、别名、苗名，以及许此神愿的原因、管此种许愿的方式、在什么地方许愿、以后还愿的大概情况等。这些都是过去民间普遍存在的一种原生态文化现象和民俗。如此全面、细致的介绍是此前从未揭露过的一个既实在又新鲜的重要的板块。第一篇通过图片及事项向读者进行全方位的介绍，为研究历史、民俗等提供不可多得的参考资料。

通过第一篇的介绍，我们可以进一步地看到，苗族人民的祭祀活动并非如此前的一些书籍中所说的那样，人们一旦有了疾病便立即敬鬼敬神。事实并非如此简单。凡是有了疾病灾祸，苗民先是通过积极地医疗，千方百计地医治，在久治不愈、良药无效的情况下才会考虑敬神求保，并且先要通过对神许愿，以该愿标为凭证，待身体果然如愿痊愈康复之后才来还愿敬神。有的大愿，如傩愿、椎牛愿、吃猪愿等，要拖到下一代才还，这是常有的事。关于这一点，我们阅过第一篇之后自然明白。

通过对第一篇的阅读，我们看到苗族的先人在过去那漫长的历史岁月里，因科学不发达，缺医少药，人们在恶劣凶险的环境中生活。其中，天灾人祸、战争残杀、水火刀兵、疾病苦难夺走了数亿人的生命，造成了贫穷困苦、饥寒交迫、痛苦挣扎的悲惨境况。苗族人民好不容易才熬到了科技发达、盛世太平的今天，同时，也积累了丰厚的许愿文化。第一篇所载的只是神愿当中的一部分，这些在一般人眼中看似迷信的言谈举止，实质上更是一种根性与原点文化，这便是当今的人类学、民族学所赋予的结论。

第二篇《巴代查病书》，是前人专门用来看病的一本书。在过去那种缺乏医学卫生常识、科学技术不发达、生存环境凶险恶劣、生活条件贫穷困苦的情况之下，人们一旦染患疾病，唯一的办法就是去采一些植物野草，煎服揉敷。一旦久治不愈，便只有去卜神课鬼了。这种办法在今天的人们看来似乎非常可笑，但请记住，我们的祖先的确是这样走过来、做过来、活过来的。

第二篇记录的是人类的无奈、痛苦、灾难与祸害，而这些疾苦至今仍然时时刻刻地困扰着我们。人吃五谷生百病，百病不论任何人。就连神仙铁拐李，也不免被病痛所折磨，这就是人生的无奈和悲哀！

中华民族的传统文化，有很大一部分是扎根于民间信仰这厚厚的土壤中的，这种几千年以来的传统观念，形成了民族的特性和习俗，用今天的话来说，这就是民族的根性文化、原点文化、本质文化和基因文化。自古以来，依靠着这种文化的支撑，才使民族在艰难困苦、贫穷落后的环境中能够顽强地生存下来，并且不断地发展和壮大，因而也使这种文化成为人们的精神支柱。

过去前人患病之后，首先想到的当然是用药医治，但在几经大小名医良药治疗后仍然不见效果甚至越治越重的前提下，才会怀疑是否有什么坏的因素在作祟，使得良药无效、久治不愈。在前人的眼中，鬼神就是这不良因素的代号，于是前人便按照不同的病情、症状、现象给这些不良的因素起了各种鬼神、凶神恶煞的名字，比如山鬼、洞神、坛神、傩神、白虎煞、五鬼煞等，这样，在人们的意境中便出现了庞大多杂的鬼神系统和世界，形成了万物有灵的巫傩文化，从而成为巴代文化的一个重要组成部分。

第二篇是过去人们用来查对这些不良因素(鬼神)的一种工具书,这种查法不下40余种,因为这是广泛收集各地各处民间底本综合整编而成的,并非一家之言,其中难免有些自相矛盾、互为否认的情况出现,之所以一并列出,为的是创造一个好让读者能有相互对照、综合参考的有利条件,以便考究和权衡。

过去前人对照患者的得病日期或病情加重的日期以及病情、症状而查出所要祭祀的鬼神之后,并非马上祭祀,而是先请巴代或者自己制作该神愿标,焚香烧纸向该神许愿,待到病人果然如期痊愈,一般以中、小型规模的祭祀来还愿,而且大或中型规模的祭祀如椎牛、椎猪、傩祭等还可以推迟还愿,待到数年或数十年之后家中再有人患病,并且再查第二篇《病书》是此神求祭并通过摧愿仪式果然如期痊愈之后再来还愿,并非如此前的一些书本所言的那样,苗家人一有病就来祭祀鬼神,这是诳话。

目　录

第一篇　巴代叩许神愿

第二篇　巴代查病书

第一篇

巴代叩许神愿

一、许求财（招财）愿

【名称】

许求财愿。

【别名】

招财愿、保财愿。

【苗名】

几爬头。

【原因】

凡是人家要求谋取某种财源，可许求财愿。如要保母猪多下崽、母牛多产儿等，可许求财愿；在要出卖家禽的当天清早，为了早日脱销并能卖得好价钱，可许求财愿；但凡猪群不肯吃料、牛遭瘟病或家禽家畜遭瘟疾病等，可许求财愿；在卖农副产品前，亦可许求财愿以保顺畅。总之，一切与求财有相的大小事情，都可许求财愿。

求财神愿标志

【愿标】

把一张钱纸对折成三角形状，用一块长约0.2米的下端削尖的破开一半的小竹篾片，夹住这三角形的钱纸即成（有的还将一元纸币夹在钱纸内）。

【场地】

把此愿标插在大门后的板壁缝里或插在猪圈、牛栏柱上（具体地点看许愿的内容而定）。

【神名】

奉请第一求财大姓，第二求财大姓，第三求财大姓，第四求财大姓，四门四个包袱，四门四个雨伞（若保六畜加：保牛保马郎子，保猪保羊郎君），招财童子，进宝郎君，求财有感，四官大神，拿愿郎子，收愿郎君。

出兵出在何州，要来请到何州，出马出在何县，要来请到何县。要来请到东方场头，南方场尾，西方场头，北方场尾，中央场头，五方堂殿场头场尾。金厂银厂，里耶四十八厂，金殿银殿，里耶四十八殿。求财州千年本堂，求财县万年本殿。有车上车，有马上马。大兵请上八抬八轿，小兵请上高头大马。风快请来跟风，雨快请来跟雨，山快请来跟山，水快请来跟水。铺去阴阳二桥，请下凡间之中，某某大寨，土地祠下。人请千家开门莫过，神请万户开户莫行，请到信士户主某某某，三衙门口，四脚门外，屋檐童子，滴水阶前，大门之中，小门之内。某地某处(具体地点)。

【方法】

做成愿标之后，烧香三炷，站在大门边，把香和愿标拿在一起，念诵神名许愿。也可直接用苗语对着愿标讲述事由，求财神保佑要送达之目的就行，最后可以简单直说"保佑发财，定当酬谢"。讲完之后，将愿标插在大门后的板壁缝里。若是因为牛羊猪鸡之求财事而许的话，可直接插于栏圈柱上。

【还愿概况】

在堂屋内的大门边摆一张饭桌，桌面朝门外一边摆四沓约一指厚的钱纸，中间摆香米一碗，上插三炷燃香。香米后面摆一土钵或盘子，钵内摆放一块猪的颈项肉，肉内放点食盐，再插上一双筷子。肉钵子的左边摆放愿标，右边摆一把刀子。再到里面就是三碗酒，酒碗上各架一双筷子。桌子下摆一鼎罐盖子或盆铲之类的用来烧钱纸，送神后要将这些纸灰倒在火炉内以示留财。巴代手拿竹笤，坐在桌前，面朝门外吟诵神辞。

二、许保猪崽安康愿

【名称】

保猪崽愿。

【别名】

小猪愿、小猪白痢愿。

【苗名】

候棍首爬。

【原因】

未满双月的小猪崽若是拉红白痢疾，药治无效者，便许此愿。

【愿标】

在喂猪的食桶内放置木瓢一把，桶上横架一根牛背犁的横扛（苗语称为"力关刀"），再用一张钱纸穿上三炷香摆在一起，猪食桶把上系一束长钱纸，桶内装上一些浓水即可。（照片上的食桶、木瓢不是过去的生态物，只是象征物）

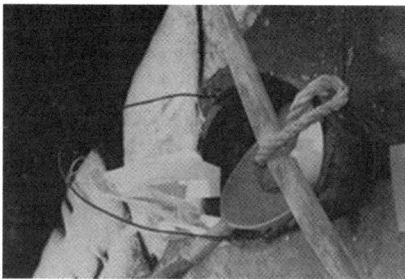

猪崽安康的神愿标志

【场地】

愿标备齐后，摆在户主家的大门外坪场一角即可。

【神名】

奉请东方太君公，南方太君婆，西方太君公，北方太君婆，中央太君公，五方堂殿太君婆，拿愿郎子，收愿郎君。

【出处】

出兵出在何州，要来请到何州，出马出在何县，要来请到何县。要来请到糠州府，糠州县，糠州糠县，糠堂糠殿。千年本堂，万年本殿。有车上车，有马上马。大兵请上八抬八轿，小兵请上高头大马。风快请来跟风，雨快请来跟雨，山快请来跟山，水快请来跟水。铺去阴阳二桥，请下凡间之中，某某大寨，土地祠下。人请千家开门莫过，神请万户开户莫行，请到信士户主某某某，三衙门口，四脚门外，屋檐童子，滴水阶前，大门之中，小门之内。某地某处(具体地点)。

【方法】

当猪崽出现白痢之后，先用何首乌等草药治疗并让母猪服食，再不见效时，可许此愿。把愿标准备齐全之后，摆于大的外坪场之一角，主人站于一旁，面向东方，吸气一口，吹于愿标处，用苗语对愿标表达求神保佑小猪痊愈，健壮肥大，后必酬谢。然后将此桶内之浓水分三餐渗入猪食中喂猪，三天即好。

【还愿概况】

还愿的时候，在门外坪场摆水盆一个，内装半盆水，再于盆上摆筛子一把，筛内沿边摆上五柱粑粑，糯米粑、玉米粑都行，豆腐菜一碗，三碗酒，钱纸三沓，厚薄不定。另摆一凳，上摆钱纸一沓，钱纸上摆粑粑一柱，三或五个皆可。旁边插"窝苦"(竹子破顶端扎成漏斗状),夹上一束长钱纸。在户主家门外坪场一角还愿,须面朝东方,时间早晚不限。巴代手摇师刀请神到边后,通呈保佑,敬献食品之后要追小猪魂魄附身。追魂时,主人须手提猪食桶按顺时针方向围绕神坛转圈而走,巴代用牛犁横扛(力关刀)紧跟其后,边走边用横扛轻轻敲击猪食桶喊猪追魂,再敬献酒食的时候,主人则食用凳子上的粑粑。

还愿的时候,此堂祭祀还有一点须注意:在敬神前泡米做粑的时候有几个人在场,则吃供品的时候这几个人都有份;若在泡米做粑的时候有没赶上的人,则吃供品的时候没这些人的份,即使是巴代本人也如此。因此,在泡米做粑时,一定要先招呼家人到齐,包括巴代。

这敬神的供粑要现泡米现做,且制作时间短促,在泡米的时候,要用很热的水甚至是沸水去泡,这样米才软得快。由于过去生活贫困,也有人用包谷做粑,规矩同样。做粑时,数量要因人而定,以免过剩而浪费。

三、保耕牛安康愿

【名称】

保牛愿。

【别名】

守牛神。

【苗名】

棍留有。

【原因】

耕牛若拉血屎血尿,良药久治不愈者,或患拉痢疾(苗语称为"便嘎将""招嘎炯")等病,经多医久治而不见效果者,可许此愿,耕牛痊愈之后便要还愿敬神。

【愿标】

把背篓倒扣在牛栏的旁边,在背篓底部盖上一件篓衣,篓衣上再

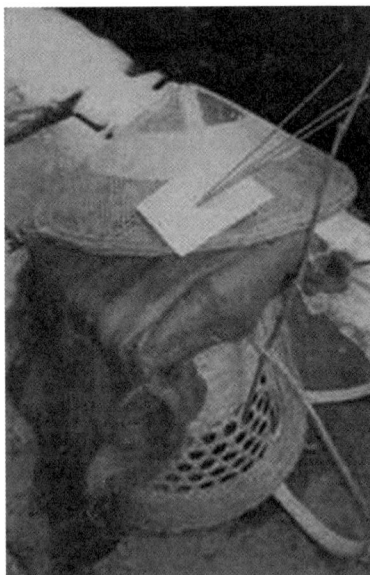

耕牛安康神愿标志

盖上斗篷，用线香三炷穿上三张钱纸插于斗篷上面，再于背笼眼上插入一根赶牛的刷条即可。

【场地】

在牛栏边或门外坪场屋檐下皆可。

【神名】

奉请第一守牛郎子，第二守马郎君，第三守牛郎子，第四守马郎君，第五守牛郎子，第六守马郎君，第七守牛郎子，第八守马郎君，第九守牛郎子，守牛守马郎君，拿愿郎子，收愿郎君。

【出处】

出兵出在何州，要来请到何州，出马出在何县，要来请到何县。要来请到东方空闲田地，南方百草堂中，西方空闲田地，此方百草堂中，中央空闲田地，五方堂殿空闲田地、百草堂中，千年本堂，万年本殿。有车上车，有马上马。大兵请上八抬八轿，小兵请上高头大马。风快请来跟风，雨快请来跟雨，山快请来跟山，水快请来跟水。铺去阴阳二桥，请下凡间之中，某某大寨，土地祠下。人请千家开门莫过，神请万户开户莫行，请到信士户主某某某，三衙门口，四脚门外，屋檐童子，滴水阶前，大门之中，小门之内。某地某处(具体地点)。

【方法】

愿标所需物品齐备摆好之后，扯下病牛颈项后的一撮毛，拿在手中，吹气三口，摆在背笼内的地面上，然后对着愿标作一个揖，对愿标表述求守牛神(棍留有)保佑耕牛病好，不再拉痢拉稀，能耕田，能犁地，肥壮健康，自当酹敬。

【还愿概况】

还愿时，将愿标移出，摆在门外坪场，面朝东方，摆放一把筛子，一碗香米，一碗肉，五碗饭(上插筷子)，三碗酒，三沓钱纸即可，巴代手摇师刀，面向东方，对坐坛前吟诵神辞。

四、许求保肚痛康复愿

【名称】

保肚子不痛愿。

【别名】

虎王愿。

【苗名】

棍同。

【原因】

若人肚痛如刀绞，或者肠结扭
等肚痛不止，用药无效者，多许
此愿。

【愿标】

把背篓倒放在地下，在背篓底
部摆上一张钱纸、三根香、两把木
剑或木刀，用(图帕)泡木质削制木
刀两把，刀把上各挂一束长钱纸，
将木刀交叉摆放在背篓底面上，然
后于背篓边摆上一根木棒即可。

【场地】

门外坪场的一角或大门边。

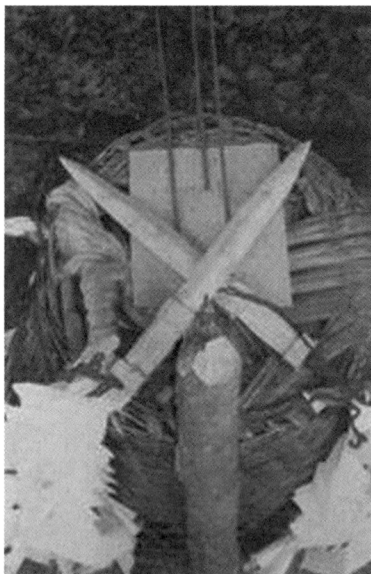

肚痛康复神愿标志

【神名】

奉请第一红虎大王，第二黑虎大王，第三红虎大王，第四黑虎大王，第
五红虎大王。黑虎大王，匾担黄花，东方虎公虎母，南方虎子虎孙，西方虎
公虎母，北方虎子虎孙，中央虎公虎母，五方堂殿虎子虎孙，拿愿郎子，收愿
郎君。

【出处】

出兵出在何州，要来请到何州，出马出在何县，要来请到何县。要来请
到东方高坡陡岭，南方高岩陡洞，西方高坡陡岭，北方高岩陡洞，中央高坡
陡岭，五方堂殿高岩陡洞，七面山头，八面山尾。千年本堂，万年本殿。有
车上车，有马上马。大兵请上八抬八轿，小兵请上高头大马。风快请来跟
风，雨快请来跟雨，山快请来跟山，水快请来跟水。铺去阴阳二桥，请下凡
间之中，某某大寨，土地祠下。人请千家开门莫过，神请万户开户莫行，请
到信士户主某某某，三衙门口，四脚门外，屋檐童子，滴水阶前，大门之中，
小门之内。某地某处(具体地点)。

【方法】

把愿标所需的各项物品备齐之后，摆在门外坪场的一角，烧三根香插在

地面上，许愿人背对愿标请求虎王手下留情，保佑病害良人某某某，肚痛要好，化消化散，化减化退，有肉相求，有酒相醉。

【还愿概况】

待到病人肚痛完全好转之后，要于半夜之时在门外坪场摆设祭坛，用仔羊或狗，另要用肉三斤，切细炒好装在碗内，五柱粑粑、三碗酒、一碗香米、五沓钱纸一起摆在筛子上，筛子摆放于地，无须垫物。巴代在咏神辞前先要作虎叫声"含也——呜嗷"，并用愿标旁所放的木棒敲击地面几下。请神后通呈保佑，交牲敬酒，交牲后杀牲再上熟供。在吃供品的时候，要用鼻子作哼哼声，并用手指抓筛子作抢夺食品的声响，在关灯熄火后才能吃供品。

五、许赶猖鬼愿

【名称】

赶猖鬼愿。

【别名】

捉猖鬼、赶伤亡鬼。

【苗名】

浴棍相巧，浴几八。

【原因】

但凡有人受伤，破皮流血，经良医久治无效，或越治越重者，有许此愿之必要；但凡有

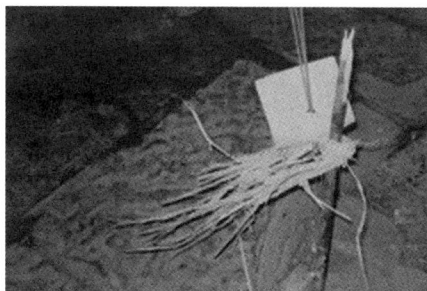

赶猖神愿标志

人生长恶疮，久治无效，甚至越治越重，糜烂不堪者，许赶猖鬼愿；滚岩落坎，摔树滚搂致伤，久治不愈者，许赶猖鬼愿；凡被蛇虫咬伤，久治不愈者，许赶猖鬼愿；妇人难产者，许赶猖鬼愿。总之，一切与血光伤灾有关的伤痛传说都是伤亡鬼在作祟，都要许此愿后才能痊愈平安。

【愿标】

用一根木棍，在拦腰处用一把稻草捆住，草头尾任其自伸，用三根香穿于钱纸眼内，并插在稻草的结巴处即可。

【场地】

愿标做好之后，插于门外有猪狗粪便的地方。

【神名一】

奉请弟子行坛会上，无量高尊。坐坛师者，管坛师众。上坛七千祖师，下坛八万兵马，南郊大王，北郊天子，天仙兵马，地仙兵将。

【神名二】

奉请奉请九州兵马，九宫官将。武猖兵马，武雷兵将，武营兵马，武哨兵将。腾云驾雾追魂，钻天入地翻案。铺天盖地围拿，镇天镇地锁监。吃毛吃血武猖，吃生吃熟武猖。铜头铁面武猖，牛头马面武猖。敲枷打锁武猖，解锁脱枷武猖。驱瘟打邪武猖，除灾灭火武猖。破牢打监武猖，穿山破石武猖。霹雳震天武猖，地动山摇武猖。翻天倒地武猖，翻跟倒斗武猖。拿愿郎子，收愿郎君。

【出处】

出兵出在何州，要来请到何州，出马出在何县，要来请到何县。要来请到十重云头，九霄云雾。七里桥头，奈何桥上。老君大堂，玉皇大殿。老君殿前殿后，老君殿左殿右。学师堂中，学法堂内。教师堂中，教法堂内。云贵两管，永保二州。湖南湖北。祖师在起湖南大堂，请到湖南大堂，本师在起湖北大殿，请到湖北大殿。大兵请上八抬大轿，小兵请上高头大马。风快请来跟风，雨快请来跟雨。山快请来跟山，水快请来跟水。铺去阴阳二桥，请下凡间之中，洞冲大寨，土地祠下。人请千家开门莫过，神请万家开户莫行。请到信士户主，某氏门中某某某，三衙门口，四脚门外。屋檐童子，接水阶前。坪场之中，门外之地。有车请来众人不要下车，有马请来众人不要下马。

【鬼名】

（此段在还愿时，须到门外才可请伤亡鬼的名号）前门前代伤亡，后门后代伤亡。滚坡滚岭，滚岩滚坎。早来倒在枪头，夜来死在枪尾，外音门下，本音门下，连亲门下，十方门下，五音七姓男女伤亡。

【出处】

请到死亡堂中，伤亡堂内，滚坡滚岭堂中，滚岩滚坎堂内。投河吊颈堂中，蛇啄虎咬堂内。抢打刀杀堂中，难产难养堂内。

【方法】

愿标做成之后，拿去伤者的伤处作括下之状，然后插去秽污之处。伤者严重之时，将小棍上所系的草结巴往下移至地面后，说："保佑快好，当即酹敬。若过三日不好，此愿定要丢弃三岔路头，四岔路尾，要钱不得到手，要米不得到口（若病伤不愈，此愿不作数了的意思）。"

【还愿概况】

还愿时，在堂屋中摆饭桌一张，桌上摆一碗香米，上插两面武猖旗、三炷香和利什、神符、千兵布等；五碗饭，三碗酒，一碗肉，一个鸡蛋壳(内装少许米饭)；地上摆一个罩笼，一件篓衣，一把长刀，一个小纸人，一把菜刀，一只雄鸡。巴代先在堂屋桌前摇师刀请神，请到之后敬献酒食，然后去门外坪场尽头挖一小孔，将蛋壳连饭一起放入孔内，旁边插三炷燃香和一个纸人，再于一旁摆木板一块，菜刀一把，让一个人拿一只鸡蹲在旁边等候。接着，巴代去火炉边头戴铁三脚，倒披篓衣，用锅底灰抹面画脸藏身后，用灰将火籽盖严，关灯。随后，再去大门边请师，再藏身一次，再叫另一人手拿千兵布跟在身边。然后左手拿罩笼，右手拿长刀，去门外坪场尽头坑边打口哨请伤亡鬼，起风时便要打杀伤亡鬼，此时拿千兵布的人打开布筒子，拿鸡的人砍下鸡头塞入土孔内并将土填上，屋内及时亮灯，巴代回到屋内满屋追赶打杀猖鬼，并赶去门外用诀法短隔。办供人将鸡修好，用心肝肚内脏煮熟尝兵，将愿标踩踏弄断，鸡身回坛。

赶猖祭坛摆没(石金津摄)

赶猖用的长刀及千兵布(石金津摄)

赶猖的起马仪式（石金津摄）

赶猖仪式（石金津摄）

六、许大赶猖愿

【名称】

大赶猖愿。

【别名】

大隔伤亡鬼。

【苗名】

出棍西卡。

【原因】

原因与上大致相似，只是病情严重一些。如有的械斗打架，打得头破血流，危及生命者；有的产妇难产大出血，危及生命者；有的遭遇滚岩滚坎，伤势特重危及生命者；有的伤灾经年，久治不愈，忍受不住者；等等。在过去都有许这种大赶猖愿的做法。

大赶猖神愿标志一

【愿标】

用一个烂了的背篓，里面用稻草扎一个草人挂在背篓内，下方摆一张钱纸，三炷香。

【场地】

在门外坪场之一角。

【神名一】

奉请东方撑天，明王口血。南方马郎大海，西方撑天，明王口血。北方马郎大海，中央撑天，明王口血。五方堂殿马郎大海，连天连地口血，鬼正飞王，非元公居，口血大王，口血二王，口血三王，彭古太王，十二排洋大海。

【神名二】

奉请一姓一王，明王口血。二姓二王，明王口血。三姓三王，明王口血。四姓四王，明王口血。五姓五王，明王口血。六姓六王，明王口血。七姓七王，明王口血。高上大姑摩鹰，岩下大虫，背上老吼。生刀生梅甲，矮刀矮梅甲，行事公公，改事婆婆，爱人白财，吃人白米，招财童子，进宝郎君，拿愿郎子，收愿郎君。

【出处】

出兵出在何州，要来请到何州，出马出在何县，要来请到何县。要来请到堂明王左，堂明王右。上封封千年本堂，下封封万年本殿。毛卜格里，疏璃瓦屋，金堂瓦殿。上九平发大殿，下九平发小殿。金厂银厂，里耶四十八厂，金殿银殿，里耶四十八殿。大官衙前，小官衙后，大官衙左，小官衙右。十个牢左，九个牢右。有车上车，有马上马。大兵请上八抬八轿，小兵请上高头大马。风快请来跟风，雨快请来跟雨，山快请来跟山，水快请来跟水。

铺去阴阳二桥，请下凡间之中，某某大寨，土地祠下。人请千家开门莫过，神请万户开户莫行，请到信士户主某某某，三衙门口，四脚门外，屋檐童子，滴水阶前，大门之中，小门之内。某地某处（具体地点）。

【方法】

扎成草人挂在背篓内后，用一张钱纸及三根香去扫病人伤者身体，从头扫到脚下，前后各三次，边扫边说："扫去天煞地煞、年煞月煞、日煞时煞、一百二十凶星恶煞，扫去前门前代伤亡，后门后代伤亡。滚坡滚岭，滚岩滚坎。早来倒在枪

大赶猖神愿标志二

头，夜来死在枪尾，外音门下，本音门下，连亲门下，十方门下，五音七姓男女伤亡。扫去阳州以西，隔去阴州一县，不许相牵病害良人，不准相缠伤者信士，速退速去，一刀两断。扫去十方门下，不许回头现身，不准回身转面。"讲完之后，一路走出，不转脸后看，到了坪场尽头，将此钱纸摆在背篓里头，为防风吹走，可压上石头，即算是许愿了。

【还愿概况】

到还愿时，要仔羊一只，刀头肉一块，鸭子一只。在屋外的空地设坛，打锣打鼓，鸣角放炮。分有主坛与副坛两处，相对而设。主坛设有一张大桌，上摆三把小凳，重垒成品字形，桌腿钉四根木桩，用长钱纸封挂于三方，只留坛口一方不封。上摆香米利什，武猖旗、牌印香烛水碗等物。刀头一块，粑粑七柱，三碗酒。副坛设在相隔三米外的对面，用洞条开口纸扎制如傩洞状一个，悬挂一草把人，谓之"大姑摩鹰"。草把人背上插入三炷香，地面上摆一块木板，一柱粑，一碗酒。于主坛前四角各插漏斗竹"窝苦"一根（共四根漏斗竹），各挂一束长钱纸，漏斗口上各摆粑粑两个。

巴代先于大门口拿长刀罩笼，摇师刀请神，身边有两个人头戴斗篷、身披被单、手拿梭标，画脸抹面站在两边作陪。请神后要满屋打扫，放鞭炮撒灰，绕稻草，来到坛边围绕才正式开始作祭。

交牲时绕坛赶杀猖鬼，牵羊随后，一圈之后杀羊，三圈之后用羊血喷在梭标上表示杀鬼见血。在又一次进屋打扫之后，用鸭子作船去水口送灾煞，然后才可敬献熟供。熟供要用甑子装饭，并须妇人上供，吃熟供之后，烧钱纸，吹角送神。

大赶猖设坛（石金津摄）

大赶猖主坛（石金津摄）

大赶猖主坛供品(石金津摄)

大赶猖副坛供品(石金津摄)

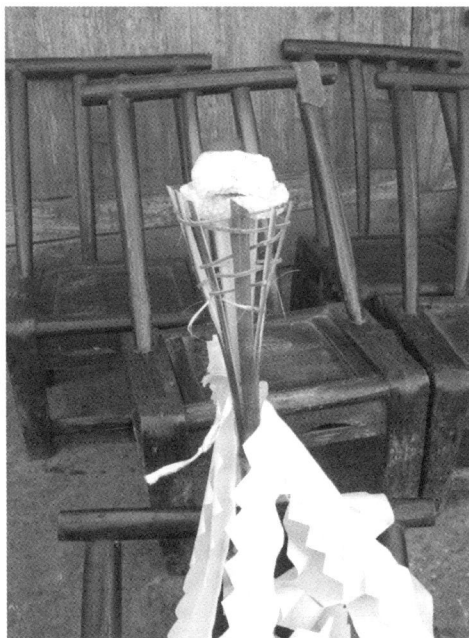

大赶猖四角供品（石金津摄）

大赶猖起马仪式（石金津摄）

大赶猖发兵仪式（石金津摄）

大赶猖赶鬼（石国鑫摄）

大赶猾的巴代（石国鑫摄）

七、许保生及肚痛痊愈愿

【名称】

保生愿。

【别名】

许板凳神愿、许保肚不痛愿。

【苗名】

将得肥。

【原因】

此神愿专保肚子不痛，因此，凡是肚痛不已、久治不愈、良药无效的肚肠疼痛者过去多许此愿。另外，妇人临产，难免会肚子痛，为了让临产时肚子痛得轻一些，好忍受一点，过去多有在临产前三五天内许下此愿的做法，以求母子平安吉利。

【愿标】

将一个断了靠背的板凳摆在大门外的一边，上面铺上一张钱纸，钱纸上倒放一只饭碗，然后在旁边摆放一根柴头火棒即可。

【场地】

大门外的一边。

【神名】

奉请第一雄兵，第二猛将。第三雄兵，第四猛将。红脸将军，黑脸大将。天煞地煞，十二木榴恶煞。（若是保生神，则多出"出生父母，养生父母"这两句话）拿愿郎子，收愿郎君。

【出处】

出兵出在何州，要来请到何州，出马出在何县，要来请到何县。要来请到杀人堂中，斩人堂内，沪溪庙前庙后，雅溪庙左庙右。（若是保生神，则多出"出生本堂，养生本殿"这两句话）千年本堂，万年本殿。有车上车，有马上马。大兵请上八抬八轿，小兵请上高头大马。风快请来跟风，雨快请来跟雨，山快请来跟山，水快请来跟水。铺去阴阳二桥，请下凡间之中，某某大寨，土地祠下。人请千家开门莫过，神请万户开户莫行，请到信士户主某某某，三衙门口，四脚门外，屋檐童子，滴水阶前，大门之中，小门之内。某地某处（具体地点）。

【方法】

把愿标所需的各种物件准备好之后，拿去门外摆好，用柴头对着碗口画三个圈圈，边画边说："保佑病人某某某，肚痛得好，肠痛得散，有肉相求，有酒相醉。"若是为了保生子，则许愿的可说："保佑某人同妻某氏某某，将要临产，到时不痛不病，母子平安，大吉大利，有肉相求，有酒相醉。"

【还愿概况】

还愿的时候，将一把长凳摆在大门边，上摆八个碗，互相夹着，一正一反，正放的四个碗分别斟酒适量。四沓钱纸，一碗内装一块生肉，并将愿标摆在前面，摆一碗香米利什。巴代坐在凳前摇师刀请神，通呈保佑之后交牲敬酒，生肉拿去下锅炒熟，用原先反放着的碗装成四碗，再敬熟供。熟供之

保生神愿标志

后，取下柴头，焚烧钱纸，撤去愿标。之后要用两小碗饭，淋上肉汤，再敬一次之后送神。

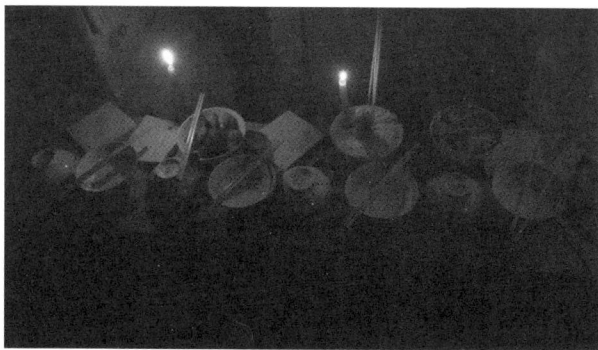

祭保生神（石国鑫摄）

八、许土排愿

【名称】

土半愿。

【别名】

赶恶鬼。

【苗名】

出占腊。

【原因】

要许此愿的原因有三：其一，生子不顺，临产阻碍，危及生命，可许此愿以保母子平安。其二，家中有人伤亡，葬后唯恐伤亡鬼魂仍在家中作祟兴灾，可许此愿以求平安。其三，家中有人疯癫，久治无效，并有行凶作恶之举，可许此神愿以保平安康复。

土排神愿标志

【愿标】

用桃树枝挂上一束长钱纸，用一根香穿入钱纸钱眼，并一同插在墙壁上。

【场地】

愿标插于门外板壁的缝隙里即可。

【神名一】

奉请第一飞山公居杨令公，第二飞山公居杨令婆，杨一杨二杨三杨四杨五将军，过山土地，过路将军，下坛土地，五句三言，（若因临产生子求保，可加"出生父母，养生父母"。若因伤亡之后求保家安，可加"塞岗短路"。若因疯癫病拉保，可加"癫神癫鬼，疯神疯鬼"。）拿愿郎子，收愿郎君。

【神名二】

奉请第一栏门口血，栏尾口血，坐门口血，坐尾口血。第二栏门口血，栏尾口血，坐门口血，坐尾口血。第三栏门口血，栏尾口血，坐门口血，坐尾口血。第四栏门口血，栏尾口血，坐门口血，坐尾口血。第五栏门口血，栏尾口血，坐门口血，坐尾口血。行事公公，改事婆婆，爱人白财，吃人白米，拿愿郎子，收愿郎君。（共土半一起做的，叫做"十五撑"，又叫"公西虐豆"。）

【出处】

1. 出兵出在何州，要来请到何州，出马出在何县，要来请到何县。要来请到湖南本堂，湖北本殿，高岩洞头，白马殿内。千年本堂，万年本殿。有车上车，有马上马。大兵请上八抬八轿，小兵请上高头大马。风快请来跟风，雨快请来跟雨，山快请来跟山，水快请来跟水。铺去阴阳二桥，请下凡间之中，某某大寨，土地祠下。人请千家开门莫过，神请万户开户莫行，请到信士户主某某某，三衙门口，四脚门外，屋檐童子，滴水阶前，大门之中，小门之内。某地某处（具体地点）。

2. 出兵出在何州，要来请到何州，出马出在何县，要来请到何县。要来请到上五戎本堂，下五戎本殿，上九平发大堂，下九平发小殿。千年本堂，万年本殿。有车上车，有马上马。大兵请上八抬八轿，小兵请上高头大马。风快请来跟风，雨快请来跟雨，山快请来跟山，水快请来跟水。铺去阴阳二桥，请下凡间之中，某某大寨，土地祠下。人请千家开门莫过，神请万户开户莫行，请到信士户主某某某，三衙门口，四脚门外，屋檐童子，滴水阶前，大门之中，小门之内。某地某处（具体地点）。

3. 出兵出在高岩洞前，高岩洞后，千年本堂，万年本殿。有车上车，有马上马。大兵请上八抬八轿，小兵请上高头大马。风快请来跟风，雨快请来跟雨，山快请来跟山，水快请来跟水。铺去阴阳二桥，请下凡间之中，某某大寨，土地祠下。人请千家开门莫过，神请万户开户莫行，请到信士户主某某某，三衙门口，四脚门外，屋檐童子，滴水阶前，大门之中，小门之内。某地某处……堂屋之中，中堂里内。

【方法】

愿标做成之后，拿在手上绕屋内走一圈，作打扫的样子，边绕边说："扫去天瘟地气、天灾地难，扫去一切凶神恶煞、凶灾恶祸，保佑临产顺利、母子平安（保生子做的）。保佑合家吉利，老少平安（隔伤亡鬼做的）。保佑邪气远散，邪神远离，病人某某某，头清眼亮，平安康复（疯癫人做的）。扫去凶灾恶难，凶神恶煞，扫去十方门下，早来不准回头，晚来不许转面。"之后将此愿标插于门外板壁缝隙中即可。

【还愿概况】

还愿大致与上节的大赶猖愿的还愿仪式相同，同样要在屋外空地设坛祭祀，供品也是一样的，同样要打扫、作陪、牵羊、上熟等，具体请参阅上节。这个还愿多出了"把多墨"的步骤，即做完土半之后要回到家中堂屋做"擂钵祭"，苗语叫做"早达小求"，神名为：奉请第一城步宗家，第二把事掌愿，第三拿愿郎子，收愿郎君。

【作法】

行此堂仪式的时候，要用簑衣铺垫于地下当跪垫，巴代须跪着做，同时还要用擂钵来作伴奏诵神辞，仪式中严禁发出笑声，因为行为古怪之故。供品用做土半所剩余的肉酒即可。

祭祀中的巴代（石国鑫摄）

供牲（石国鑫摄）

主坛的肉供（石国鑫摄）

饭供（石国鑫摄）

副坛的供品（石国鑫摄）

九、许斋神愿

【名称】

斋神愿。

【别名】

早斋。

【苗名】

几关同几、能白嘎从、几齐标、茶同几。

【原因】

原因有以下几点：1. 洗屋净

斋神神愿标志

宅。新建成的房屋，唯恐这些建材中有诸多煞气、晦气，或有人做过丧事，或被人诅咒等，因而要许斋神愿以达到除秽或去诅咒之目的，以求得新居平安招财集福。2. 家中有染上恶疱烂疮，经良药久治三个月以上仍不见效者，认为有猖鬼作祸，许上斋神愿以求恶疮痊愈。3. 家中出现怪异凶兆，如母鸡啼鸣、公鸡下蛋、鸡啄蛋、母猪吃崽、天空滴血、累见怪影等这些被传统观念认为将要出现奇祸凶灾的前兆，许此斋神愿，抵制凶灾横祸的发生。4. 未坐满月的母子误入别姓家里，许此神愿来保那家人平安吉利。5. 家里有人受重伤，在隔伤亡鬼之后仍不见好转，许此神愿以求痊愈。6. 家中有人伤亡，埋葬上山后敬此斋神来隔绝伤亡鬼。7. 为保一村或一寨人平安，共许此斋神愿的，称为"保峒斋"。

【愿标】

把一个烂了的背篓，用清水洗后，里面放上一株高粱穗，再用三根香穿在钱纸眼上，插在背篓的眼缝里即可。

【场地】

将此背篓挂在屋前或屋后的桃李封上即可。

【神名】

（斋神有一桌斋、三桌斋、十二桌斋乃至三十六桌斋等多种区别，此举两种即"一桌斋"和"十二桌斋"为例）

1. 奉请本殿高岩三宝，糍粑土地，剪线三娘，一百一姓，一桌一台，一台一凳，一条黄龙，一面黄虎，观音老母，十八罗汉，诸天菩萨。大哥雷天，二哥雷地，大哥管风，二哥管雨，扫天明王郎子，扫地明王郎君，拿愿郎子，收愿郎君。

2. 奉请本殿高岩三宝，糍粑土地，剪线三娘。一百一姓，东海龙王一姓。二百二姓，南海龙王二姓。三百三姓，西海龙王三姓。四百四姓，北海龙王四姓。五百五姓，中海龙王五姓。六百六姓，六海龙王六姓。七百七姓，七海龙王七姓。八百八姓，八海龙王八姓。九百九姓，九海龙王九姓。十百十姓，十海龙王十姓。一十一百一姓，一十一海龙王一十一姓。一十二百二姓，一十二海龙王一十二姓。一十二桌二台，一十二台二凳。一十二条黄龙，一十二面黄虎。观音老母，十八罗汉，诸天菩萨。大哥雷天，二哥雷地。大哥管风，二哥管雨。雷公雷母，雷子雷孙。上司上庙，下司下庙。扫天明王郎子，扫地明王郎君。下坛土地，五句三言。拿愿郎子，收愿郎君。（若为癫人而做的称为"东海龙王癫神一姓"，以下各句相应地改称。若为隔绝伤亡做的称为"东海龙王塞岗一姓……南海龙王短路二姓"，以下各句相应地改称。）

【出处】

出兵出在何州，要来请到何州，出马出在何县，要来请到何县。要来请到高岩洞头，白马殿内，高岩二州，白马二县，斋宫堂中，糯宫堂内，千年本堂，万年本殿。有车上车，有马上马。大兵请上八抬八轿，小兵请上高头大马。风快请来跟风，雨快请来跟雨，山快请来跟山，水快请来跟水。铺去阴阳二桥，请下凡间之中，某某大寨，土地祠下。人请千家开门莫过，神请万户开户莫行，请到信士户主某某某，三衙门口，四脚门外，屋檐童子，滴水阶前，大门之中，小门之内。某地某处(具体地点)。

【方法】

将愿标所需物件备齐之后，选一天属马或属羊的日子，先用清水将愿标淋一下表示洗净，然后挂在果子树上，并向愿标求愿："愿大斋神保佑户主病人得好，灾祸得消，病根消退，灾难消除，平安健康，大吉大利。"或者求愿："怪异消散，凶兆消除，化消化散，吉利平安，定当酬谢，虔诚敬奉。"

【还愿概况】

还愿多在寒露节后、立夏节前这段没有蚊虫的时段，并且须在属马属羊属猴的日子才能还愿，据说是因为动物都是吃素的，所以称为洁净日，一般都是在当日凌晨1至6点之间来做。用黄纸、绿纸各1张、白纸15张，大桌一张，靠背木凳3把扎制祭坛，在门外坪场空地设坛祭祀。供品有香米、马粮、糯米粑、豆腐、青菜、油盐柴水等，其中糯米粑、豆腐、青菜、油盐柴水看人数而定，凡是当场没有吃完的都要倒掉。粑粑用稻草包扎捆好挂去村头寨尾的树技上让其自烂自毁。仪式前，家中所有的荤菜肉蛋等都要清出屋外去藏好，在场所有人都得先用桃叶水净身，仪式中所有人都得小心伤患，不能见血，十分严格。法事有起马、请神、献供、扫屋等，用一只鸭子背船去水边送瘟神，送神后还要用肉供来开荤，拆坛之后才可将原先拿出去的荤菜拿回家。

另外，若是赶伤亡鬼塞岗短路的，在未请斋神之前得先敬"五道神"，吃热粑，五道神的名号如下：

奉请第一年文五事，第二月文五道。第三年文五事，第四月文五道。第五年文五事，第六月文五道。拿愿郎子，收愿郎君。

出兵出在岩州岩县，岩堂岩殿。千年本堂，万年本殿。做成粑粑之后，用筛子装五柱粑，三碗酒，于门边做。

祭斋神的供品（石国鑫摄）

祭斋神坛摆设（石金津摄）

十、许赎魂愿

【名称】

赎魂愿。

【别名】

退魂。

【苗名】

照吉嘎、料归、料归单、料归照。

【原因】

小孩或大人因路过深山、洞穴、潭湖、井泉、川后、岗坳等处，因凶险、风云雾罩、突发之事而惊恐失魂落魄，回到家中之后，高烧不退，冷热间作，脉浮不定，甚至于胡言乱语，头痛不止，上呕下泻，推拿无果，良药无效。这种情况，按照传统观念，多认为是被山鬼捉去魂魄所致，故要向山鬼许赎魂愿，在退烧痊愈之后再来酬报山鬼。

所谓的山鬼，苗语叫做"打归"，传说为那些无儿无女的老人死去之后，由于没有后代承接香火，无处安身，只有魂栖山洞岩穴，平时捉那些运气低落的生魂来换取祭祀。

【愿标】

用四块长约0.3米的篾片，两片为一组，共两组，以0.25米的间隔打十字穿在一根玉米杆的上半部，篾片两头各夹一束长钱纸，在玉米杆顶端插上一杆鱼尾旗，再于玉米杆中间插上三根香即成。

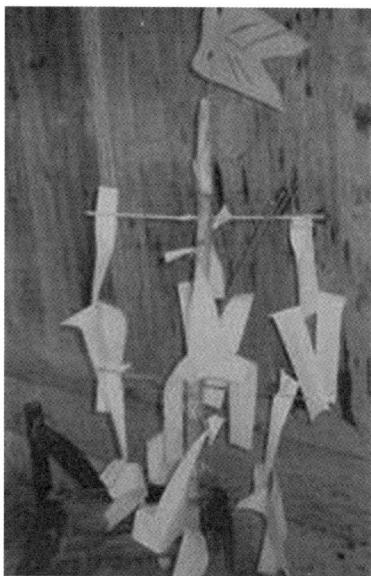

赎魂神愿标志

【场地】

愿标做成后插在大门外面。

【神名】

奉请五方五位仙师，盆凉水井，溪源水口，路头抢魂郎子，路尾拿命郎君。发鱼郎子，发号郎君。讨鱼郎子，打网郎君。早来变生变熟，夜来变神变鬼。云雄大王，马雄大将，铜麻沙郎，铁麻沙将。五面药公药母，五面药子药孙。吴家龙家廖家石家麻家的姐，五姓凷名，七姓才苗，九姓乱脑，一十二名二姓。上洞古老，九溪九岭。中洞古老，九道明官。下洞古老，溪源潭洞，古老潭前。阿楼补雷，张刀不对洞庭土地，五句三言，拿愿郎子，收愿郎君。

【出处】

出兵出在何州，要来请到何州，出马出在何县，要来请到何县。要来请到：上洞古老[①]，请到高都补瓦，排杀夯相，补共苟主，都哭弄公，光床夯苟，其堂马路，里社大堂，里洞大殿。[②]中洞古老，请到夯沙窝又，苟业莽高，夯相得夯[③]，补毫低卦，窝苟排料[④]，补格让勒，几则巴哭[⑤]，庚弄排加，洞傩洞净[⑥]，大苟补正，补雷补见[⑦]，窝工窝科[⑧]，苟元苟酒，洞吼窝棍[⑨]，六六夯加，抓沙都君，己都夯巴，苟日低加，苟棍打岁，窝卡假甲[⑩]，苟日苟老，低后打弄，架碗洞度。[⑪]下洞古老，请到流明大小，包弯留借[⑫]，夯豆流抗[⑬]，窝秀窝变[⑭]，补一下寨[⑮]，重嘴窝苟窝国，发垣封府[⑯]，千叉河头，万叉河尾[⑰]，坠人门苟，排龙仰当[⑱]，巴杂巴当，低将低便[⑲]，徒明便腊，低腊流酒[⑳]，窝作都若，门傩干溪[㉑]，高卦巴进[㉒]，生科古且[㉓]，主白主打，高巴人地，窝戎格棍，窝棍格都，闷戎闷帮㉔，高公麻羊，抓周丰弄㉕，夯干比锐，窝秋窝岩，巴有重巴㉖，夯然假加，没刘古价㉗，地重地戎，地后地叟㉘，将秧低瓦㉙，尼国腊矮，补曲甜土，闪墙重苟㉚，窝篓人腊㉛，夯苟低抗，大瓦岩六㉜，打一洞便㉝，龙格便古，苟入苟汤，打恩打勒，度月古扫，虐立当可㉞，当美阳科，交谋低嫁㉟，卜业夯卡，老加攘弄㊱，立了四十八个堂，请到四十八个堂，立了四十八个殿，请到四十八个殿。千年本堂，万年本殿。有车上车，有马上马。大兵请上八抬八轿，小兵请上高头大马。风快请来跟风，雨快请来跟雨，山快请来跟山，水快请来跟水。铺去阴阳二桥，请下凡间之中，某某大寨，土地祠下。人请千家开门莫过，神请万户开户莫行，请到信士户主某某某，三衙门口，四脚门外，屋檐童子，滴水阶前，大门之中，小门之内。某地某处（具体地点）。

【方法】

愿标做成后，烧三炷香，插在愿标玉米秆上，拿去病人身边，将愿标从病人头上往下扫三次，边扫边说："有魂放魂，有命放命，放龙归位，放虎归山。放魂放到床头，放命放到床尾。放魂得了好魂，放命得了好命。病害良人，好了之后，有肉和你相求，有酒与你相醉。"然后将愿标插在门外边即可。

【还愿概况】

还愿的时候，用筛子一把，内装五柱粑，一碗肉，三碗酒，用纸剪花衣五件，套在一张长条纸上，连同五沓钱纸，香米一碗，摆在筛子边沿。还要女人衣服一件，花鞋一只，围裙一件捆在一起，摆在一个凳子上，面朝东方而设坛，巴代摇师刀请神后，通呈保佑，敬献酒食，烧纸送神。

注：①这些都是本地的地方，后人将其称为"古老洞"或"洞古老"。

②指保靖县境内的葫芦乡的村寨山地名。

③指保靖县境内的吕洞名山。

④排料邻相吉首德夯一带的悬崖峭壁。

⑤排料至让烈、牛角寨一带。

⑥排料金龙村一带悬崖峭壁。

⑦保靖翁科寨后一带的险山陡壁。

⑧董马库乡境内的大山高元高求一带。

⑨董马库村境内的鬼塘一带。

⑩董马库西邻窝勺乡一带的高大山岭。

⑪麻粟场镇排达鲁村境内的几个大山洞和天坑。

⑫麻粟场镇尖岩山一带。

⑬道二乡尖山夯渡河沿线一带。

⑭窝勺一带。

⑮窝勺下寨村一带。

⑯花垣县城一带。

⑰花垣县城附近的几条大河。

⑱龙坛一带。

⑲龙坛张匹马一带。

⑳排吾乡盐井大山一带。

㉑民乐猫儿及贵州边沿一带。

㉒雅桥一带。

㉓麻粟场镇新科村一带。

㉔排碧乡、吉卫镇、麻粟镇境内的连台山夜郎洞一带。

㉕吉卫镇境内的村寨一带。

㉖排碧乡境内的小龙洞、雷公洞悬崖峭壁,险山陡岭一带。

㉘吉首、干州及凤凰腊尔山一带。

㉙吉首市内的寨阳乡一带。

㉚吉首市德夯景区内的盘古峰一带。

㉛吉首市德夯景区内的流砂瀑布一带。

㉜排碧乡岩落村一带。

㉝排碧乡黄岩村公路边的大天坑一带。

㉞董马库乡大洞冲村、排碧乡小洞冲村一带。

㉟大洞冲、小洞冲境内的权鹰山一带。

㊱麻粟场镇和排碧乡交界处公路边的大岩洞一带。

赎魂的愿标(石金津摄)

赎魂祭坛右面（石金津摄）

赎魂祭坛主坛（石金津摄）

赎魂紫坛副坛(石金津摄)

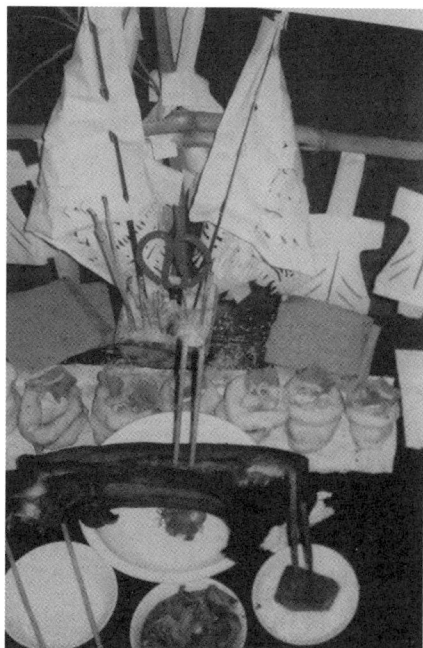
赎魂主坛的武猖旗(石金津摄)

十一、许开罗网追魂愿

【名称】
开罗网追魂愿、大赎魂愿。

【别名】
破罗网。

【苗名】
抽抓、格抓、归洞、归哭。

【原因】
凡是因为失魂落魄而造成大病、高烧不退、冷热交发，越治越重甚至于休克、口吐白沫、见幻象幻觉、胡言乱语者，传统观念认为是被山鬼打猎的罗网扣住了魂魄，因而要许此神愿以求山鬼打开罗网，放出魂魄归身，疾病才能得治。

【愿标】

用一把伞，呈半打开状，用丝线沿着伞骨架架成罗网形状后，于伞把处用白线吊一十字架状的苞谷秆，往下再吊一束长钱纸。

另用四块长约0.3米的篾片，两片为一组，共两组，以0.25米的间隔编成十字状穿在一根玉米秆的上半部，篾片两头各夹一束长钱纸，在玉米秆顶端插上一杆用纸折成漏斗状的鱼尾，然后用白线于夹长钱纸的地方绕成交叉状，再于玉米秆中间插上三根香即成。此玉米秆愿标共要两根，一根两层十字架、一根一层十字架，图为一层十字架。

开罗网神愿标志

【场地】

挂于大门外的板壁上。

【神名】

奉请五方五位仙师，盆凉水井，溪源水口，路头抢魂郎子，路尾拿命郎君。发鱼郎子，发号郎君。讨鱼郎子，打网郎君。早来变生变熟，夜来变神变鬼。

云雄大王，马雄大将，铜麻沙郎，铁麻沙将。五面药公药母，五面药子药孙。吴家龙家廖家石家麻家的姐，五姓苗名，七姓才苗，九姓乱脑，一十二名二姓。上洞古老，九溪九岭。中洞古老，九道明官。下洞古老，溪源潭洞，古老潭前。

十二法师洞主，吕洞高坡大王，吕洞高坡二王，吕洞高坡三王，三座三王，三猪三羊公居。阿楼补雷，张刀不对洞庭土地，五句三言，拿愿郎子，收愿郎君。

奉请第一马扎，第二马口，马扎马筋，马牙马口，马肠马肚。

【出处】

出兵出在何州，要来请到何州，出马出在何县，要来请到何县。要来请到上洞古老，立了高都补瓦，广场夯苟，云堂马路，洞都公几，缪绒吾连，打果补重，排杀夯相，洞鲁洞从，吾公吾哭，里社大堂，里洞大殿。

中洞古老，立了苟尼忙高，夯沙吾油，夯向得夯，补格让烈，补好吉瓜，窝苟排料，桃花洞满，吾滚大岭，吾岭笔齐，录路夯加，比都夯便，高元高求，苟柔苟闹，吾嘎加卡，抓沙都金，卜尼板龙，几后打弄，嘎碗洞度。

下洞古老，立了流明大小，包弯留借，当怕嘎然，嘎怕都比，窝沙柔从，吧同相主，洞便补汝，吾休吾坝，补锐夏寨，发垣封府，千叉河头，万叉河尾，追绒蒙苟，排龙仰当，高瓜便穷，哭吾洞热，松苦古且，冬牛下坝，哭汝共穷，猛线猛邦，久白久打，几江吉卫，腊乙落孔，炯最都吾果吾乖，吾秋吾昂，便热中爬，苟先苟便，排吼排首，尼果腊矮，帮冲帮干，邦录吾白，几就格抓，吾篓绒腊，打瓦昂录，夯归吉扛，哭柔洞便，便滚排比，苟格苟绕，苟肉苟挡，苟瓜苟从，鸟力当考，图越哭哨，达恩达奶，卜尼夯卡，交缪吉嘎，老加四十八个老堂，让龙四十八个老殿。七面山头，八面山尾，千个高坡陡岭，万个高岩陡洞，险山陡水，悬崖陡洞，千个滩头，万个滩尾，井泉湖泊，深潭古洞，千年本堂，万年本殿。

立了四十八个老堂，请到四十八个老堂，立了四十八个老殿，请到四十八个老殿。

有车上车，有马上马。大兵请上八抬八轿，小兵请上高头大马。风快请来跟风，雨快请来跟雨，山快请来跟山，水快请来跟水。铺去阴阳二桥，请下凡间之中，某某大寨，土地祠下。人请千家开门莫过，神请万户开户莫行，请到信士户某某某某，三衙门口，四脚门外，屋檐童子，滴水阶前，大门之中，小门之内。某地某处(具体地点)。

【方法】

愿标做成后，挂在大门外边。然后用一碗水，里面加上一些马蹄草(苗语叫做"锐抓梅")，捣烂后放于地下，再找来斧头、杀刀、剪刀、织布机用的木梭子、线竹网(苗语称为"窝浪""窝节")、绞蚕丝用的竹围等物，用一长条纸捆住，放于药碗旁边。然后烧香三炷插于苞谷秆愿标上，左手拿愿标，右手摇师，面朝东方请师请神，三请到边后，用诀法念咒对药碗造药，之后吸药水一口，轻手轻脚走去病人身边，猛不防对其喷一口并猛踏地板一脚，使病惊一下为最好，如果病人沉重不惊一下，还必须咬一口额头使其抖动一下，同时高声吼曰：

武圣将军生得恶，鼻子出烟口出火。

不吃凡间的五谷，一声吞鬼到阎罗！哼……

病害良人，着了天罗衣，破开天罗衣。

着了地罗网，破开地罗网。

追取良魂，回驴转步，回车转马。

回身转面，回堂转殿。

然后再去拿斧头、杀刀、剪刀、织布机用的木梭子、线竹网、绞蚕丝等每样一次地反复来到病人身边作砍杀状并吟诵神辞（以斧头为例）：

含月也——弟子手拿千斤大斧。

病害良人，某某某。

着了天罗衣，砍开天罗衣。

着了地罗网，砍开地罗网。

追取良魂，回驴转步，回车转马。

回身转面，回堂转殿。

【还愿概况】

还愿的时候，共有四坛，用羊子、狗、鸡各一只，肉2斤左右，粑粑10斤左右，于门外坪场宽敞处用晒席铺地，然后于晒席上摆粑粑。第一坛为"抢魂坛"，五柱粑粑、一碗酒、一碗肉。第二坛为"赎魂坛"，即"归照、归单"坛，七柱粑粑、一碗酒、一碗肉。第三坛为"追魂坛"，即"归哭、归洞"坛，九柱粑粑、一碗酒、一碗肉、一碗香米上插"武猖旗"两面、利什、三炷香等。第四坛隔远一点，叫"药神坛"（苗语称为"夏汝"），五柱熟粑、五柱生粑、一碗酒、一碗肉，即一层十字架愿标的地方。第一至第三坛用羊供，供粑分别为5、7、9共是21柱粑粑，每柱粑上放熟肉一片。还要剪纸衣21件分三份，按粑数分别插到三根玉米秆上去，摆于粑柱之外边，还要用女人衣一件、鞋一只，用一面围裙捆好后放于第二坛之前方。第四坛用狗供，生粑，杀狗后用五截肠子摆在生粑上面，又吃生又吃熟。

还愿仪式中，还须打锣打鼓、吹角鸣号。仪式程序为：起马、收祚、包魂、化锣鼓、请水、请神、管神、通呈保佑、定阴阳、问病人魂魄落在何洞、几时得好、立堂造堂、隔界、坐兵场、调法主、交牲敬酒、交牲、敬血。如果病情仍重的话，此时还要造药喷药，然后破岩打洞，追魂，用鸡背包魂纸回到病人床上放开，然后敬熟供，交纳，用羊头补网，敬稀饭，造钱纸后送神。

解天罗地网祭坛摆没（石金津摄）

十二、许雅溪天王愿

【名称】

雅溪天王愿。

【别名】

王爷愿、竹王愿、三王大愿。

【苗名】

候内章、内共肥、怕高图。

【原因】

在过去，若有人出现以下几种情况，便可许此愿：1. 肚子疼痛不止。2. 上呕下泻，越医越重。3. 突然倒地，口吐白沫、休克。4. 肚腹疼痛、肠结纽肠梗阻，以及急性疾病等。

【愿标】

用一根白 1 米左右的竹子，破

雅溪天王神愿标志

开尾端并叉开篾条，然后用篾条编成漏斗形状，用一破碗片摆于漏斗口上，用一小点蜂腊包在钱纸之内，搓成纸团，烧在此破碗片内，再加上一点粗糠，然后用长钱纸一束挂在漏斗底部的篾条缝上即可。

【场地】

大门外边。

【神名】

奉请第一岳府殿内，白帝天王马头，戴金戴银。

第二岳府殿内，白帝天王马头，耍金耍银。

第三岳府殿内，白帝天王马头，封金封银。[①]

罗家之女，木易神婆。[②]木将木王，三十抬铜锤，四十抬铁棒。三十雄兵猛将，拿枷把锁，拿锤把棒，拿良把愿。左边抬旗，右边抬号。左抬黄罗，右抬雨伞。左三右四，前七后八。拿童玉女，判官小鬼。刘郎发郎，烧火郎子，煮饭郎娘。下坛土地，五句三言。拿愿郎子，收愿郎君。

【出处】

出兵出在何州，要来请到何州，出马出在何县，要来请到何县。要来请到上五都，下五愿，平龙世界，世事管天，流泥瓦屋，烂泥瓦殿。其凉洞前洞后，其凉洞左洞右。城墙脚底，马头脚下，干阳巨普，飞同二县。沪溪最普两王，雅溪最水两县。管州庙中，雅溪庙内。两面门头老鬼，把门将军。借你铜钥匙铁钥匙，打开你的金锁银锁，庙前庙后。开门不请何神，不叫何鬼，牵请三位岳府殿内，白帝天王，有车上车，有马上马。

大兵请上八抬八轿，小兵请上高头大马。风快请来跟风，雨快请来跟雨，山快请来跟山，水快请来跟水。铺去阴阳二桥，请下凡间之中，某某大寨，土地祠下。人请千家开门莫过，神请万户开户莫行，请到信士户主某某某，三衙门口，四脚门外，屋檐童子，滴水阶前，大门之中，小门之内。某地某处(具体地点)。

【方法】

愿标制成后，拿去插在大门外边，并烧蜡香，面东请神，求放魂魄，求保病好。以所挂之纸束，统扫病人肚皮，从上扫下，边扫边说："扫去迫肠郎子，痛肚郎君，上来痛肚，下来痛肠，扫去十方门下，病害良人，要好要愈，要消要散。有肉相求，有酒相醉。有灵有验，大吉大利。"然后把纸夹在漏斗底部的簸条缝里就行了。

【还愿概况】

还愿有大还、中还和小还三种。大还要白水牛一头，鸡鱼三份，肉 10 斤左右，酒三坛。中还要羊子一头，鸡鱼三份，肉 3 斤 6 两，酒一坛。小还用肉 3 斤 6 两，或猪头一个，酒一瓶。

这里只介绍小还仪式：在门外坪场设坛，用桌子一张，并于桌边打一木桩，捆一把伞，伞把挂一束长钱纸马。另一边插漏斗愿标，烧蜡香。供品供具先摆在箩筐里面，两个人用扛子抬去桌边，表示供品又多又重。

桌面第一层摆三个倒放的碗（阴碗），用齿口纸垫在碗底上，再摆三只碗（阳碗），内装满清水再倒一点酒，即送神水酒。

第二层摆一碗香米，上插利线香九炷。神灯一盏或蜡烛一对。

第三层摆一盘子，内装白肉三斤六两。左有果品，右有糍粑。

第四层摆酒三碗，碗上分别摆有筷子。

供桌的后面或一边有一凳，上摆女人衣服及银饰品。

巴代须跪着做，请神后要谢罪，如用仔羊做则交牲敬酒后杀牲。敬羊血时要谢罪，之后煮饭九碗，后坛一碗，肉要三个生肉，三个熟肉，然后才是炒肉。如用仔羊、羊头、羊后腿，三个连骨肉都是生的，为巴代回坛肉。

筶子用一节竹子，定阴阳时才破。送神时，打阳、阴、顺三筶各送一位王爷，每送走一位便倒掉一碗水酒。

注：①封金封银——大王爷、二王爷、三王爷传说为龙王的三个儿子，为殿下太子，称殿内，又分别叫做福金、福银和福宝，又称为镇远王、靖远王和绥远王，神庙门前有神联：

大公子、二公子、三公子皆是龙子非俗子，

镇远王、靖远王、绥远王、皇赐称王号天王。

②木易神婆——木易即杨，传说王爷的母亲姓杨。

大王爷镇远王（石金津摄）

二王爷靖远王（石金津摄）

敬三王主坛（石金津摄）

敬王爷副坛（石金津摄）

三王爷绥远王（石金津摄）

十三、许大敬天王愿

【名称】

大敬天王愿。

【别名】

挡门愿。

【苗名】

几北扛竹、怕高图。

【原因】

此种神愿主要是要及时抢救
那些突然倒地不醒人事、口吐白

大敬天王神愿标志

沫、已经休克的病人。若是遇到此种情况，一些人须快喷冷水、掐人中，一
些人须用刀子括磨铁锅口子，传说这种声音能使恶鬼的牙齿酸痛而咬不住病
人的魂魄。还有一个非常传统的措施就是马上把饭桌放倒，用桌面挡在大门
坎上，象征着挡路，不让无常鬼捉去病人魂魄，若此做法成功，就要大敬王
爷了。

【愿标】

用饭桌挡门，再用一根白1米左右的竹子，破开尾端并叉开篾条，然后
用篾条编成漏斗形状，用一破碗片摆于漏斗口上，用一小点蜂腊包在钱纸之
内，搓成纸团，烧在此破碗片内，再加上一点粗糠，然后用长钱纸一束挂在
漏斗底部的篾条缝上即可。

【场地】

大门之中。

【神名】

奉请雅溪庙内，镇远天王、靖远天王、绥远天王，岳府殿内，白帝天王马
头，戴金戴银，耍金耍银，封金封银。

杨家之女，木易神婆。木将木王，三十抬铜锤，四十抬铁棒。左三右四，
前七后八。抬旗郎子，掌号郎君。吆喝郎子，吆喊郎君。拿枷把锁，拿锤把
棒，拿良把愿。七千马前，八万马后。天仙兵马，地仙兵将。拿童玉女，判
官小鬼。刘郎发郎，烧火郎子，煮饭郎娘。下坛土地，五句三言。拿愿郎子，

收愿郎君。

【出处】

出兵出在何州，要来请到何州，出马出在何县，要来请到何县。要来请到上五都，下五愿，平龙世界，世事管天，流泥瓦屋，烂泥瓦殿。其凉洞前洞后，其凉洞左洞右。城墙脚底，马头脚下，干阳巨普，飞同二县。沪溪最普两王，雅溪最水两县。管州庙中，雅溪庙内。两面门头老鬼，把门将军。借你铜钥匙铁钥匙，打开你的金锁银锁，庙前庙后。开门不请何神，不叫何鬼，牵请三位岳府殿内，白帝天王，有车上车，有马上马。

大兵请上八抬八轿，小兵请上高头大马。风快请来跟风，雨快请来跟雨，山快请来跟山，水快请来跟水。铺去阴阳二桥，请下凡间之中，某某大寨，土地祠下。人请千家开门莫过，神请万户开户莫行，请到信士户主某某某，三衙门口，四脚门外，屋檐童子，滴水阶前，大门之中，小门之内。某地某处(具体地点)。

【方法】

将桌子放倒，用其侧面竖挡在大门中间之后，在桌边垫上三沓钱纸，两边用人把关，此时，许愿人须说："不许进，不许出，只许病人得好转，只许病人得康复。太上老君坐中堂，三位王爷保安康，妖鬼邪魔远远退，清泰平安大吉利。"待病人苏醒过后，取下桌子，烧化垫在地下的三沓钱纸即可。

【还愿概况】

凡许此愿者，还愿时，近代最少须用仔羊或猪，过去一概用白水牛来做。具体做法与第十二节大体相似，只不过还愿供品、规模都大得多。

十四、许傩神愿

【名称】

许傩神愿。

【别名】

许堂屋愿、中堂愿、猪羊愿、四牲愿。

【苗名】

照愿录、出排排奶。

【原因】

过去人们许傩神愿的原因有
以下几点：

1. 凡是五脏六腑内的疾病
（内科），比如心脏病、肺病、脾
病、肝病、肠病、胃病、肾病、水
肿病、胸膜病等，在久治不愈，
良药无效，甚至于越治越严重的
情况之下，四处问卜皆说是傩神
作祟的前提下，便有叩许傩神愿
之必要。

傩神愿标志

2. 家下不顺，口舌争端不断，是非曲直经常发生，经三年以上不见消散
者，许傩神愿求保。

3. 五谷不丰，六畜不旺，钱财不聚，经三年以上不见好转者，许傩神愿
求保。

4. 久婚不孕，或多胎是女不见男丁者，许傩神愿求保。

5. 尚有求官、求财、求婚、求职等，许傩神愿求遂。

【愿标】

用一块长约0.25米的竹片劈破上面一头，竹心朝外，以户主地楼板火炉
为上首，朝上首一边的竹片略短0.02米为宜（象征着傩母神娘女人稍矮一
点），分开头子两块篾片，分别用剪口纸缠绞好了之后，用一长方形的白纸折
成二指宽的长条打一结巴，在结巴中套上竹片，分岔的一头朝上，以长条纸
的两头往下，如人手下垂之状，斜剪两头之后即成傩神愿的标志物（若是许
求子愿的话，要用红纸来制扎愿标才行）。

【场地】

傩神是在堂屋敬奉的，其愿标也要在堂屋中许叩，并插在堂屋后壁上，
到还愿时再取下来插在傩坛的香米碗上。

【神名】

奉请开荒天下明山大川，东岳齐天，南岳安天，西岳金天，北岳司天，中
岳中天大帝。桃盟后，松盟皇后，金盟皇后，正盟皇后，五宫五盟皇后，五天
五岳圣帝夫人。东山圣公大帝，南山圣母娘娘。

二仙姊妹，二王宫主。三十六人铜头铁面，二十四个巡海叉。注傩补
傩，注销尖者。一簿掌勾，二簿仙官。阴傩飞上，阳傩飞下。上洞飞天飞地，
中洞飞风飞雨，下洞游天游地，阳间三十六道五岳。

白鸟槽槽，水又飘飘。大郎二郎，三郎四郎，五郎六郎，五位郎子。各带金刀三十六把，银刀三十六根。（若是单猪单羊，则只说金刀一十六把、银刀一十六把，一十六个金襄童子、银襄将军。）三十六金襄童子、银襄将军。个飞风飞雨兵，沙岳兵，矮子兵。桃梅桃沙，盾牌耍手，令旗令箭，花船一干，白船一只，吞鬼大王，咬鬼大将，船头张稍公，船尾李水手。

二十四标四戏，耍戏郎子，耍笑郎君。开洞郎子，闭洞郎君。傩扎探子，白旗先锋开山，大将小将，算命先生，麻阳铁匠，把簿城隍。界兴八郎，神州和尚。梁山土地，耕田种地，钩愿仙官。傩前七千雄兵，傩后八万猛将。左边合坛，右边合鬼。下坛踏林土地，拿愿郎子，收愿郎君。

【出处】

出兵出在何州，要来请到何州，出马出在何县，要来请到何县。请到桃源仙洞，梅花仙殿，上洞中洞下洞桃源，五岳尖山平山，华山庙前庙后，华山庙左庙右，隔河本堂，隔海本殿。

有车请来众人上车，有马请来众人上马，大兵请上八抬八轿，小兵请上高头大马。

风快请来跟风，雨快请来跟雨，山快请来跟山，水快请来跟水。铺去阴阳二桥，请下神州一府，泸溪一县，寨阳归坡，坪郎归板，阳梦一里十里坡头，排碧地界，小寨地名，某某大寨，土地祠下。

人请千家开门莫过，神请万家开户莫行，请到信士户主，某某某家中。三衙门口，四脚门外。屋檐童子，接水阶前。大门之中，小门之内。堂屋之中，中堂里内。

有车请来众人下车，有马请来众人下马。请来上排上坐，下排下坐，排方正坐。上请莫动，下请莫移。

【方法】

愿标做好后，用一张饭桌摆在堂屋中，桌面上朝内的一头摆三沓钱纸。第二层再摆一碗香米，上插愿标和三炷香。第三层摆三碗茶就行了。因为傩神愿许了过后，并非要马上还愿，可以一拖再拖，可以拖至几年甚至于几十年的时间，如许愿之后，病人好了，拖到后来其家有人再病，可以请巴代来摧愿，这是拖延一次。之后再有人病，可以请巴代来剪羊毛，交仔羊，这是拖延两次。之后仍有人病，可以请巴代来封傩酒，即封酒准备敬傩神，这是拖延三次。此是许傩神愿的最后一种做法，即通过封酒之后就不能再拖下去了，若是再有人病的话就要还愿了。若是摧愿，则要一碗肉和三碗酒。若是摧愿剪羊毛也一样，只是将所剪下的多出的羊后颈毛捆在愿标上。若是封坛酒也一样，把酒瓶封好捆绑在愿标上。

【还愿概况】

还傩神愿有还单愿与还双愿两种。还单愿的条件是，该户从老家分家出来所还的第一堂傩愿，即分家坐新屋后所还的第一堂傩愿。还有，凡是该村该寨自古以来都是习惯只用单猪单羊的地方，才用单猪单羊。不过这种情况很少。除此之外，一律要用双猪双羊，加上一只鸡、一条鱼，共有四种。还有，凡是只用单猪单羊的称为还半边愿、半边傩，用双猪双羊的才称为一堂傩、整堂愿。

还单猪单羊半边傩的只请十六把傩神，在下马的时候只要十二碗饭、十二碗豆腐肉汤，在上熟的时候要猪肉十二碗、羊肉十二串。而还双猪双羊整堂傩的则要请三十六把傩神，在下马的时候要二十四碗饭、二十四碗豆腐肉汤，在上熟的时候要猪肉二十四碗、羊肉二十四串才行。这种区分古来有之，在苗区普遍通行。

还傩神愿分为三清傩、五通傩、云霄傩、天狗傩、斋荤楼傩等多种，过去有五天四夜傩、三天三官傩、两天一夜傩、一天一夜傩和一天傩等，这里且以一天一夜的三清傩为例，具体仪式分别为：

（一）请师出坛。

巴代在动身去主家之前，必须先在自家所安的法坛前焚香烧钱纸，叩请法坛祖师们一道出发前去主持祭仪。

（二）半道封邪。

若是要去的地方是他村别寨，巴代务必于半道的避静处挖小坑封制邪师邪教、邪法邪诀、邪煞邪鬼，不让其在祭祀中捣乱和破坏。

（三）请剪纸神剪纸设坛。

傩堂的纸扎纸剪在宗教术语中称为铸造钱财及安设金堂银殿。按照宗教的特殊要求，在动手剪纸之时要请傩堂的剪纸神来家加持才灵验。傩堂的剪纸神名号为："铸钱郎子，剪纸郎君"，表示是从桃源洞请来的。

（四）包魂。

集中祭主全家人口的每人一点衣服布头，以此来代表其生魂。将布头包藏在一张黄纸之内，好让傩祖保佑这些人全都长寿、吉利、健康、平安。

（五）扎灶。

扎成傩堂之后，先要奉请主家灶神及家祖作为傩堂的东道主神之一来一起敬奉傩神。傩堂的东道主神包括巴代的祖师、户主的家祖、灶神、本村的寨祖神等，傩祖神是作为敬奉的主神，而这些东道主神则是代表主家这一方来敬奉傩神的，故被称为东道主神。

（六）扎土。

请本村寨祖——村头寨尾的寨祖土地一同作为傩堂的东道主神来一起敬奉傩神。

（七）铺坛。

烧钱纸叩请宗本祖师来傩堂化牢井封邪、用诀法收起巴代、户主及所有在场人的生魂并藏好，不使其受到任何伤害。

（八）请水。

请来五龙圣水，用多种诀法神咒造化坛场，安置户主家的龙神、祖先、福禄、财产等不在祭祀中动摇受损，安置傩堂以外的各种山神、庙宇、祠堂（俗称七十二庙）神祇，使其各坐各的堂殿位置，不要在听闻傩堂祭祀的锣鼓角号声响之后乱走乱动、起风兴浪、胡作非为。用水化符，保堂护殿，不使外往鬼神看见闻着，以保护傩堂内的安全，使祭祀由始至终都能顺利进行。

（九）化锣化鼓。

一切保护措施都到位之后，即可叩师并一边烧钱纸一边用秘咒诀法化锣化鼓，意为打动锣鼓，一切邪魔外道、别神外鬼、鬼魅恶煞、邪师邪教胆战心惊，不敢近前捣乱破坏。

（十）请神。

请神仪式包括讲日子、说香、请祖师、请功曹及兵马、请寨祖土地神、请家祖等东道主神们一起去桃源洞请傩神，傩神要请三次、安座、通呈保佑、收灾驱煞、用神卦问事等内容。

（十一）立堂造堂。

用诀法、秘咒、神辞等立造敬奉傩神的坛场堂殿。

（十二）结界。

又可称为隔界，是划定傩堂五方的警戒线，不使一切邪魔外道、别神外鬼、鬼魅恶煞、邪师邪教入侵坛场。

（十三）发功曹。

又叫做发文。即差动傩堂的功曹（邮递神）去桃源洞及三山五岳等神府殿堂发出请贴，让这些神灵（傩神）按时光降傩堂，受领供奉。"发功曹"法仪包括唱茶唱酒、敬功曹茶酒、造疏文、发疏文、差九州、交鸡、发旗等内容。

（十四）坐兵场。

又称为坐兵营。即巴代这一行兵弟子、主帅要亲自坐镇大本营，指挥及调遣五营五哨兵马、五猖兵马来为傩堂祭祀服务。坐兵场包括造马、造桥、修桥铺路、修补船筏、筹备军粮马料、报兵、安隅、造各种巴代所用的道具、查五营四哨、封制邪魔等内容。

（十五）请法主。

请法主又叫调法主、请大宗师、请教主、请大神等。请法主法仪包括敲角请大神、请祖师、迎三元法主、庆贺交纳、排诀等内容。

（十六）交牲。

把猪羊交给傩神。交牲法仪包括请赶猪赶羊神、清修路道、打扫傩堂的一些设施、供品物件以及猪、羊、鸡、鱼去岳王大堂、岳王大殿神府交给傩神。其中有把猪交到后山州后山县傩娘、把羊交到五岳尖山、五岳平山傩公、神府通呈、返回主家等内容。

（十七）跑傩。

用神辞将傩堂的筹备、设置及迎接傩神的各项工作唱颂给傩神们听，以博得神灵欢喜。

（十八）接驾。

迎接傩公傩母以及满傩神进入傩堂。接驾法仪包括唱笏牌、唱神卦、接圣公圣母、接满堂傩神、安座、开光、庆贺交纳、领兵排诀、收旗等内容。

（十九）立营。

傩神进堂之后，须立即安立五方兵营以保卫傩堂安全。立营法仪包括立五方营、点五方神马、安五方守山狗、遣灾瘟、收福禄等内容。

（二十）开坛酒。

把筹备供奉傩神的酒坛打开，斟酒来敬送傩神。开坛酒法仪包括唱十二月酒、封坛酒、唱马鞭、化龙王领酒、开坛，敬送时，应逐个逐段地给傩神敬酒。

（二十一）劝酒。

给傩神敬酒之后，还必须向傩神逐个逐位劝酒，以表主人的好客及诚意。劝酒法仪包括唱酒壶、唱酒碗（杯）、唱仙桃仙果和银饰及下酒的豆腐、请酒师及主东、斟十二呈酒、劝十二呈酒、向傩神献衣袍等内容。

（二十二）下马。

给傩神敬下马酒饭。下马法仪包括造下马疏、念下马疏、烧疏文、化财、庆贺、鸣下马角、向傩神交纳水化豆腐肉汤二十四碗、白粮米饭二十四献（单猪单羊为十二碗十二献）等内容。

（二十三）唱下马酒。

吃饱下马酒饭之后，唱傩神喜欢领受户主的供奉，心满意足地保佑户主增福延寿，安康清泰，平安吉利。

（二十四）唱傩歌。

众人酒醉饭饱之后，巴代即代表主人向到场庆贺的各方宾客表示，感谢他的真挚热情、友情亲情及厚重的贺礼，并邀请他们来唱傩堂歌。傩歌包括相互恭维、盘根问底、前朝后汉、历代古人等内容，以达热闹傩堂、显示才华、娱人娱神之目的。

（二十五）讨告。

傩神酒醉饭饱之后，皆大欢喜，趁傩神心满意足之际，向其祈求保佑户主家人，年居清吉，月坐平安，谋求如意，心想事成，增福延寿，吉康安泰，人人安康，个个吉利。并逐个逐名、逐事逐件地与傩神讨求，以卦为凭，故名讨告（有竹字头的告）。

（二十六）传法。

若是新传弟子过法度持，讨完告后即可于傩堂凭满堂傩神及主客大众传法受度。

（二十七）合会。

三山五岳，天下名山大川的神灵随着傩公傩娘都来到傩之后，唯恐各神不合，故由巴代念唱合和秘语咒辞，使其和谐相处，安分守己，各尽职责保佑户主，故名合会。

（二十八）采标合标。

标傩为傩堂驱瘟打邪之利器，为使傩祭起到打邪斩煞、驱瘟除灭、保福佑禄的作用，故须采标。采得傩标之后，须与傩神相合才能达到应有的功能和效果。采标合标法仪包括合标、傩堂正神采标、外神采标、进标、四言八句、转标、领标、赐福、驱邪等内容。

（二十九）开洞。

因傩堂要演唱傩戏，而傩堂的戏子神们平时都关在桃源洞内，从不轻易放出，且传说戏子神大多不安分守己，若是不在傩公傩母的管制监视下放出来，恐会让其胡作非为而祸害人间。吃过下马酒饭之后，傩戏就要正式上演了，此时就要扮开洞神打开桃源洞，请出傩堂的戏子神集中在门外五庙山头，等候逐个出场进入傩堂表演。傩堂的戏子神一般为：开洞神、探子神、先锋神、开山神、八郎神、和尚神（有的为道士神）、土地神、判官神等。

（三十）扮探子。

顾名思义，探子神即为打探消息的戏子神，其主要作用和任务是侦察了解户主家里到底有哪些瘟疫灾难、鬼魅妖魔、凶怪恶煞，然后用探路的花棍将其打出，使其远离户主家里，不再祸害户主家人。

（三十一）扮先锋。

先锋神是一个男扮女装的戏子神，在明道上讲是第一个先出场的戏子神（在她之前虽有探子，但探子为暗地侦探之神）。先锋神的主要作用和任务是开通桃源前往湘西乃至祭主家所在的县、乡、村的道路，并为户主家打扫瘟疫灾难、鬼魅妖魔。先锋神的法仪包括示身开场白、唱十二月风情、出桃源洞、路程状况、进傩堂、说原根、打开五湖四海、洗身、扫天瘟、装香、辞神、回府等内容。

（三十二）扮开山。

扮开山又叫搬砍山、界山等。开山神是一个又蛮又丑还鲁莽的将军神，与其前后出场的还有小鬼、钟馗、算命先生、麻阳铁匠等。剧情多以嬉笑打闹为主，可分可合，可简可繁，有些内容以先锋相似。其神的主要作用和任务是替户主砍天瘟。

（三十三）呈牲。

呈牲又叫陈牲，即把已杀死并修好了的猪羊鸡鱼在傩坛前堂屋中陈列起来呈献给傩神捡视，同时将供牲的死魂招来附身并再次交送给傩神。白天法事中的交牲又叫做交生，此堂呈牲法事又叫做交死。供牲通过这样的既交生又交死，充分体现出人们对傩祖的虔诚和遵重。呈牲法仪包括炳烛、焚香、唱吊挂、赞神、请赶牲神、合猪羊、打扫傩堂设施及供品等件、赶牲、交送、通呈、返堂等内容。

（三十四）扮八郎。

八郎为傩堂购买并宰杀和分配供牲的屠夫神。供牲虽然是户主敬贡给傩祖的，但名目上必须背上八郎神向户主购买的名誉才行。而傩神必须用赐财赐福寿人丁给户主为代价才能领受供牲供品，这样处理，才能进一步显示阴阳和谐，体现出人神公平的这样一种关系。阳间没有白敬，阴间也没有白拿。八郎神法仪包括表身、唱路程、出桃源洞、驾云、进堂、说原根、喊财门、议价买牲、杀牲、分标打散、嘱咐办供、唱供牲根原、辞神、回洞等内容。

（三十五）扮和尚。

扮完八郎，人们便将堂内的猪羊鸡鱼等撤去，傩堂内几乎没有什么荤腥之物了，这时便轮到和尚这斋神出场。和尚的主要作用和任务是帮户主安龙谢土，好让龙神保佑户主财发人兴、富贵双全。和尚法仪包括道白、唱佛赞、驾云、进堂、讨座、谢土、安龙、领斋、辞神、回府等内容。

（三十六）开上熟酒。

人们在许愿过后，为了促使傩神保佑户主尽快实现愿望，早日达到目的，便用一酒壶封上白酒，交给傩神，以此来表示户主必将尽快还愿的虔诚心意。户主须上供上熟酒肉（傩神享用供牲肉和酒），因而也必须得将户主原来所封的酒坛打开并敬献给傩神。开坛上的熟酒法仪大体上与白天开坛下马酒相同。

（三十七）游斋愿。

傩神群体内分有斋神和荤神两种，斋神须以斋供，荤神须以荤供。在正式上供上熟的酒肉之前，得把原先户主对傩神所许之愿的标志——愿标拿出来当着众神的面逐一展示，之后又凭阴凭阳，凭人凭神将其拆毁。愿标相当于借据或欠条，展示愿标等于展示借据或欠条，拆毁愿标等于撕毁借据或欠条，以此来证实户主已经还愿，再也没有欠傩神的账了。游斋愿便是向斋傩神展示及拆毁户主原许之傩愿。法仪可参考下面第三十八堂。

（三十八）下洞请神。

在头师游斋愿的同时，二师在下洞敲角请神。因唯恐在游荤愿及正式上熟（开正酒席）前一些傩神因某些原因不在场而造成缺席欠领，所以先又重新普请一次，以保证傩神到齐，一个不欠。同时，打开包魂纸，放魂放命，并把包魂纸交给游愿的头师，在拆毁愿标的同时将此包魂纸撕烂，在烧愿标时一同烧掉。

（三十九）游愿。

游愿意思同上，游荤愿是向荤傩神逐一展示及拆毁户主原许之傩愿。游愿法仪包括请祖师、请东道神、查出原许之愿、唱供品（猪颈项肉及猪羊五花肉和酒等）、叫户主及酒师加持、游五方五岳庙、游上神、游外神五段、二次游五方五岳庙、二次游上神、二次游外神五段、三次游五方五岳庙、三次游上神、唱傩神和凡人为凭证、唱傩神和凡人拆愿、分三次拆毁愿标、打扫傩堂一应设施及愿标、送愿标去岳王神府、通呈保佑、定阴定阳、回堂、烧愿标等内容。

（四十）上熟。

上熟为傩祭法仪中的正席酒宴。供牲通过交生交死，通过八郎神购买、宰杀、分配之后，下锅煮熟，呈猪五花肉二十四碗，羊五花肉二十四串（单猪单羊为十二碗十二串）、供牲身首白肉、酒三碗等在堂屋桌上及傩坛神案中，请神领受享用。上熟法仪大体与下洞法仪相似。

（四十一）唱上熟酒。

参阅第二十三堂，唱下马酒之内容。只须将下马酒改为上熟酒即可。

（四十二）打冤家。

打冤家又叫冲营打寨、追魂翻案。请傩神把户主家的冤家仇人打杀干净，并把冤家所扣押的魂魄追回来交还归身。打冤家法仪包括请冤家、点兵、上马、造粑槌、造锄、斧、刀等、差（踩）九州、发兵、造傩标、登车、打标、洒灰等内容。

（四十三）扫瘟。

用端铧口、喷油火、千兵布、柳巾、打神鞭、傩身等作为道具来打扫户主家里的天瘟地气，天灾地难，打扫出门，隔去万里，以保吉利平安。

（四十四）收兵。

收回上第四十二节所发出去之兵马，并用竹卦问清楚冤家仇人伤及何处。

（四十五）扮土地神。

土地神为农家农垦之神，过去农家想要致富，唯有依靠耕种粮食这一途径。户主还了傩愿，获得了傩祖的保佑，为了今后能发达致富，傩神将主管农垦耕种的土地神搬入主家以确保实现。同时，明示人们，要想致富就得好好种田，体现出了朴实本分的农家观念。土地神法仪包括表身、唱十二月节气、出洞驾云、入堂、议工钱、十二月农活、唱原根、排座位、辞神、回洞等内容。

（四十六）扮判官。

判官为傩堂钩愿之神。愿标在前面第三十九堂的游愿法仪中，虽然凭阴凭阳，凭神凭人展示并且拆消了，但还没有在账册上划掉，户主虽然已经还了傩神愿，但最后还得由判官神在傩神的账簿上钩消前许之愿（原来所登记许愿的帐簿），之后免生重欠。判官神法仪包括道白，出洞、讲说路程、入堂、上座、升堂、吃钩愿酒、理簿子、钩愿、丢簿子、化钱财、倒傩、撤营、拆堂等内容。

（四十七）扫堂。

用绺巾打扫傩堂，将福禄寿喜扫进屋，将灾难祸害扫出门。准备送神出门回府。

（四十八）辞神。

与傩神话别。辞神法仪包括嘱神、话别、向傩神讨留念物、打合同告、倒傩、撤营、上马、撤傩洞、移傩身、移驾、门前上马或上船等内容。

（四十九）送傩神。

把傩神送去村外岔路口。送傩的法仪包括路口敲角请神、翻猪羊头、倒堂霉水、化财、拆傩身、封锁山头、返面、嘱咐土地守火墀等内容。

（五十）倒坛。

请倒坛神倒坛，撤宗坛神轴，撤去一切桌案设施。

（五十一）半路开牢井。

在来时半路避静处将所封之牢井于此时打开，并赐以酒肉，让这些被封押了两天两夜的邪师邪教们各自逃散。

（五十二）回坛。

把祖师请回家中法坛，并把从主家得回的巴代应拿的那一部分酒肉敬送给祖师，嘱咐祖师守好坛头，保佑巴代弟子及家人清吉平安。

以上为湘西苗族还三清傩愿（一天一夜傩）的大体情况。

傩堂外景（石金津摄）

傩堂内景（石金津摄）

傩公傩母（石金津摄）

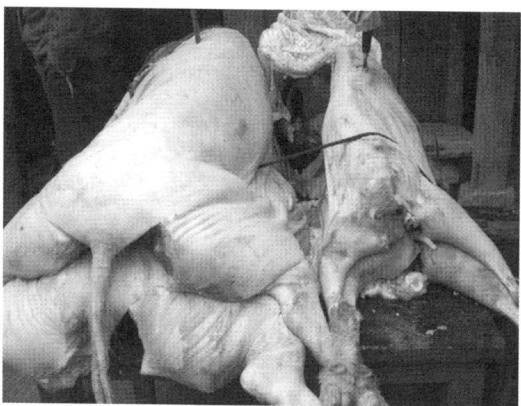

傩紫猪羊供（石金津摄）

傩堂肉供（石国鑫摄）

傩堂（石国鑫摄）

十五、许吃猪愿

【名称】

许吃猪愿。

【别名】

敬元祖神愿。

【苗名】

候爬、吉葡嘎这。

【原因】

许吃猪愿的原因大致有以下

吃猪愿标志

几点：

1. 因病而许。如胸闷、心痛、呼吸不畅、四肢无力、不思饮食，但又说不出是哪里病痛、痨病、咳嗽不止等，久治不愈，良药无效，拖久拖长半年以上的、越治越病的疾病。

2. 因家中出现怪异凶兆而许。凡是在家宅内发生怪异之事可许。如米桶内长菌子、老鼠纺车、母猪吃崽、母鸡啼鸣、累见幻影、不时怪响怪叫、天滴血等反常现象之类的凶兆。

3. 因不干净的人或事在家中发生而许。比如生产后未满月的妇人进到家内、未满月的幼婴的衣物被带到家内、外姓男女在家中同房等。

4. 因家中要进行重大的祭祀活动之前先要吃猪敬祖。过去苗乡曾有"有理无理，家先先起"的说法，比如，在敬傩神或者要椎牛之前，必须先要吃猪敬家先，是为预先通知家祖们前来作本家的东道主神来敬奉傩神或大祖神。只有这样，这些仪式才能圆满，才能达到目的，否则是做不到的。

【愿标】

先找来一块长约0.5米、宽约0.18米的木板。一个土碗和两块破碗片，用清水瓢洗干净，将土碗摆在木板中间，两块破碗片倒放在两头，摆在地板的窗户下方。然后用钱纸包上蜂蜡揉成纸团共3个摆在土碗内，放入火籽，并撒上一些粗糠，让其燃烧，称为"蜂蜡纸团糠香"。这木板、土碗、破碗片和峰蜡纸团糠香就组合成叩许吃猪敬祖神的愿标物了。

【场地】

地楼板前方的窗户下方，苗语称为"夯补"的地方。

【神名】

苗语："拔浪竹林，浓浪竹共。拔浪勾林，浓浪勾共。"

意译：最古的女，最老的男。古道的女，老路的男。[①]

【出处】

标出"竹豆糠内"，即遥远的古老地方，简称为古地远方。

【方法】

愿标制成后，放在窗户下面的地板上，苗师"巴代雄"坐在愿标前举行许愿仪式。仪式内容包括请师、讲愿标、隔鬼、收祚、上神堂、通呈、讨福气、收灾祸、下界、定阴阳问事、送神等。全是苗语，不讲汉话。

【还愿概况】

还愿的时候，要用猪一头，并须请舅爷来坐坛陪神，完了还要背走忌肉，苗语称为"昂候"。时间要一天，设有祭坛两处。

一处设在堂屋的一角，即进入大门拐入上地板的那一角，即大门内边一角，此为主坛，是敬奉"拔浪竹林，浓浪竹共。拔浪勾林，浓浪勾共"。即最古的女，最老的男。古道的女，老路的男的场所。

此主坛有两个部分：第一部分用竹子扎个架子，上有9束长钱纸，纸束把上铺有一段布，此布在朝大门一边任其拖挂到地面上。

第二部分在挂纸束的前面摆一张饭桌，用水洗净，上面倒放7个碗，第一排放4个，第二排放3个，第三排摆一块长约0.3米、宽约0.1米的"送酒布"长方形布条，除了白布，其他颜色的布料皆可。把原先愿标的木板拿来洗净后摆在桌前下方，把供猪捆好用木桩钉在此木板上面。

以上为大门后堂屋角的主坛设置式样。

副坛设在从堂屋上楼一方的过道一角，前方为窗户下方。此坛也有3个部分：

第一部分，倒放一个靠背木凳，将一件女人的古装或古裙盖在上面，是作为祖屋、象征着母系社会的女祖神。木凳里靠放着户主一族人的系魂保安布竹筒。

第二部分，在木凳前铺两张四方形的白纸，在纸上扑两个碗。再于上楼一方主坛摆的一个水罐，苗语称为"叫巴"；于祖先神壁"夯告"一边摆一鼎罐，苗语称为"窝叫"；再于水罐和鼎罐的口子上架一竹片，盖上一张白纸。

第三部分，在碗的前方地板上摆蜂蜡纸团香碗，两边各倒放一块破碗片，此三物本是原先愿标之物。

第四部分，用两沓钱纸垫上竹杈的牛蹄脚，架上竹杈后，巴代坐在竹杈前敲击竹杈作伴凑吟诵神辞。

吃猪有堂屋吃猪（龙琶堂屋）、火炉神壁吃猪（龙琶夯告）、椎牛吃猪（龙琶尼）、接龙吃猪（龙琶绒）、众寨吃猪（龙琶苟让）、吃棒棒猪（龙琶豆）以及吃娘猪（送内琶）等多种类型祭祀，在这诸多种类的祭祀中，以堂屋吃猪最具有代表性、普遍性和广泛性，这里所载的是堂屋吃猪的祭祀仪式。

堂屋吃猪的特色有三处：

其一，得请动母舅家来一人代表元祖神受领供奉。在敬元祖神的干酒与上熟酒肉的这两次献供中，都是由母舅家来的那个人亲自斟酒、敬酒并代表元祖神饮酒吃肉，在这期间凡是摆上神坛中的酒肉都是由他一人享用，凡吃不完的，都由他背走，包括挂在门拴上的前腿肉、摆在酒碗上的九串肉以及摆在地楼大鼎和小罐上的猪头下盖和猪尾后腰肉等，所有这些巴代和主家及其他帮忙的人等都没有份，不能享用一丝一毫，故称之为"禁肉"或"忌肉"（昂候）。舅爷背这些肉回去时要沿路不停地呼喊："禁肉来了，某姓的人远远回避，莫在路中！"[2]回到家中，只许吃一餐，若吃不完，可招其同姓的人来吃，在用餐时还得紧闭门户，勿使外姓人撞见。一餐过后，所剩骨肉汤水都得挖坑深埋园中，并忌三天之内不去祭主（外甥）家。

其二，供猪在巴代交牲之后，由舅爷手执木棒将猪打死，不用刀杀。打死后用冷水湿毛，然后于火焰上烧烫退毛，不用开水浸泡扯毛。这体现了人类古代山野打猎、火烧退毛等原始做法。

其三，当把元祖神送回神府之后，厨官人等在地楼板上摆上九碗饭，每碗饭上摆两片熟肉(一根连骨肉及一块猪肝),上插交叉筷,三碗酒,一碗卤汤,随后,巴代请其祖师、请来户主的家祖及本村寨祖等这些东道主神来受领供奉。只有在这时,巴代及其在场人等,东家户主们有凳不坐,有桌不摆,而是大家蹲在地上围成一圈享用酒食。这体现了古代先人于迁徙途中和山野中用餐的浓厚气氛。

堂屋吃猪祭祀主坛设在堂屋门后一角,副坛设在地上及火炉边的神壁下,祭猪有双有单,双猪祭的还要加上一只雄鸡(根据住地而有些差异)等。早启晚散,时间为一天。

堂屋吃猪有十二堂四十八节法事仪式(不包括请师出坛、收祚在内)。这十二堂法事的顺序为:

(一)请神(把高琶)

"把高琶"是吃猪的根蒐法事。在这堂法事里,巴代用神辞讲述了户主吃猪的时间、原因、原来曾对元祖神许过的神愿、现今还愿吃猪的各项准备工作筹备情况、请巴代、请祖师等东道主神、12 二段驱鬼、立堂护堂,然后要东道主神们抬着祭场内的所有供品供具去元祖神堂。向元祖神陈述户主敬神的各种筹备情况、请元祖神赐福寿长气、收凶祸灾煞、请元祖神下界接受供奉等祥细情况。

请神法仪包括缘起(起棍)、筹备供品(岔产古吧汉)、请师(充仕夫)、讲供让祖师喜爱(扑内窝汉吧汉扛棍空江)、驱鬼(乖棍)、化堂藏身(然秀)、抬供仪上神堂去请神(候苟窝冬吧汉求棍)、复述筹备概况让元祖神听(涌棍扛棍琶洞)、讲供让元祖神喜爱(扑内窝冬吧汉扛棍琶江)、保寿保福(炯先炯木)、收煞收灾(修力修章)、请元祖神下凡(充棍闹夯)、安神(赐棍)等共 13 节 56 段神辞内容。

(二)赎魂(告归)

户主家人之所以得病,在苗族人的习俗观念里,多被认为是失魂落魄所致。为了保证主人吃猪之后病人能早日恢复健康,因而在把元祖神请下凡来家之时,借助神力,要祖师们当着元祖神的面去把户主家病人把魂魄赎回来。在本堂法仪完毕时,主家房族得在神桌内寻找出活蜘蛛并用纸包起,然后打开纸包将其放在主家病人的床头上,意表已经找回了魂魄。

赎魂法仪包括赎凡间(告冬豆)、赎阴间(告冬棍)共 2 节 10 段神辞内容。

(三)维护系魂保安布(占标)

苗乡的每一个家族(多户或一村乃至数寨)都有一块长约 40 厘米、宽约

12厘米的家织丝绸布条，平时卷作一筒如大拇指般大，装在紫竹筒内，从不倒筒，也不随便打开，只有在椎牛、吃猪等大型祭祖仪式中才由巴代打开作法。这块小布条苗语称为"标吾"（拼读），意即系魂保安布。在这堂法仪中，巴代要打开布条，然后逐一将户主家人及全族人的魂魄系入布条中，以达到人人清吉平安、个个鸿福长寿之目的，故名"系魂保安布"。

维护系魂保安布法仪包括打开系魂保安布（开标）、理直系魂保安布（几单标）、系魂保安（占标）、培竹土（吉木标）等共4节神辞内容。

（四）敬入堂酒（袍酒卡）

敬入堂酒又可称为敬干酒。苗族是个十分好客重礼节的民族。在元祖神被请下凡来到户主家之后，此时还未曾打杀供猪，也没有菜来下酒，但又必须对祖神表示客气，权且以酒代茶敬之，向祖神敬酒。苗族人把没有用菜下的酒称为干酒，故名敬干酒。

敬入堂酒法仪包括讲干酒让元祖神喜爱（扑酒卡扛棍江）、忏悔过错（用错）、解锁脱链（他苏他那）、留长寿鸿福（周先周木）、收灾收煞（修力修章）、敬干酒（袍酒卡）等6节33段神辞内容。

（五）送干酒（走酒卡）

按照祭祀仪规要求，凡是敬神的供品不管神灵吃完与否，敬过了都必须打包将其交送给神灵才行，体现了苗家尊重祖神、节衣缩食的朴素风格。

送干酒法仪包括送堂屋大桌的干酒和送地楼神坛的干酒共2节11段神辞内容。

（六）交牲（送琶）

按照祭祀仪轨要求，凡是敬送神灵的供牲（这里指猪）在未打杀之前，必须要将其形魂交送到神灵的猪圈之内，然后才能打杀。

交牲法仪包括喂猪水（扛吾琶）、交牲（含叩师、清修路道、交牲上神堂及转身回堂）等2节6段神辞内容。

（七）打扫灾煞（庆期琶）

户主之所以祭祖敬神，除了有疾病灾祸，还多是因为家中有凶兆怪异。如今元祖神已经被请进屋了，趁舅爷及厨官等人帮忙处理供猪还未煮熟之空时，借助元祖神在场的神威，要巴代的宗本祖师们把户主宅内的凶兆怪异、鬼魅恶煞打扫干净。

打扫灾煞的法仪包括讨气（莎先）、请武师（充棍柔）、扫除灾煞（几白标）、驱除鬼魅（吉记麻加）、保家护宅（岁标岁斗）、烧纸嘱咐元祖神（窝头几卡棍）等6节13段神辞内容。

（八）敬上熟酒（袍酒先）

在交牲之后，供猪让主家的舅爷用木打棒打死，让厨官等人烧毛修净，开膛破肚，下锅煮熟。切好准备9串五花肉（窝枪），留下一只前腿生肉（昂候）挂在门拴上，在地楼神坛的大鼎上摆一煮熟了的猪头下盖（窝甲），水罐上摆一块带尾的后腰肉（千抱）等。再让舅爷在9个碗（大桌7个、地楼神2个）里斟好酒，这时便可以向元祖神敬酒了。

敬上熟酒实际上等于祭祖正酒宴席。这时元祖神才有供牲肉来下酒，在敬入堂酒时只是单饮白酒而已。

敬上熟酒法仪与前第4节敬入堂酒6节33段神辞相似，只是多出了有关肉供的内容。

（九）送元祖神及上熟酒（送棍琶、送酒）

此堂法仪与前第5堂之送入堂酒大体相似，在2节11段神辞的基础上加送神（送棍）、神府问事（周昂、照拿）等3节7段神辞内容。

（十）拆堂（册纵）

用神辞及法语手诀拆去堂屋大桌及盖履在纸架上的布和纸架、9束纸等布置。

拆堂法仪包括拆堂屋大桌神坛（册猛纵）、拆地楼神坛（册标告）、合死猪翻坛（夫琶几白纵）等3节8段神辞内容。

（十一）敬饭（袍列琶）

在一到十的祭奉元祖神的法仪中，只有阴间的元祖神和阳间的主家之舅爷得吃得喝，阳间的巴代、主家及房族人等这些东道主人和阴间的宗本祖师、鱼神肉神、寨祖、家祖等这些东道主神们从未得吃半口供品，只是眼巴巴地看着他们吃喝。到此时，元祖神送走了，神坛上所摆的九串五花肉、一只猪前腿、猪头下盖、猪尾后腰肉以及神坛上所摆之酒等这些供品都归舅爷收归背笼作为忌肉背去，阴间的东道主神和阳间的东道主人们到此时才可以放心落肠地吃一顿辛苦团圆酒饭了。

敬饭祭仪包括请祖师（充棍空）、请家祖（充棍向）、讲供仪让东道主神喜爱（扑内昂酒扛棍江）、留寿留福（周先周木）、收煞收灾（修力修章）、敬喝供吃（袍服袍龙）等5节17段神辞内容。

（十二）送东道主神（送棍）

阴间的东道主神及阳间的东道主人们酒醉饭饱之后，便可送神散人了。

送神法仪包括送家祖（送棍向）、送余供（送麻盐）、送宗本祖师（送棍空棍得）、众人回家（打戏长猛）等4节8段神辞内容。

送神之后，吃猪敬元祖神①的祭祀仪式已经完毕了。至于姊妹篇祭祀"敬家祖"则在另一篇再行介绍。

注：①吃猪的祖神名号叫做"拔浪竹林，浓浪竹共。拔浪苟林，浓浪苟共"。译成汉语为最古的女，最老的男。古道的女，老路的男。据历代师祖们说，这祖神名号中的女男所指的并非是人，而是阴阳。因为阴阳一词在苗语中一概都是用女男来表达的，若说男女则指人物（先男后女），若说女男则指阴阳（先女后男）。这先女后男的说法中，女为阴，男为阳，是阴阳一词的对应表达方式。祖神名号中"最古的女、古道的女，最老的男、老路的男"所指的便是造化万类万物的阴阳两性元素，因为万类万物都是由这两种元素造化出来的，故苗族的祖先们将其称为元祖神。

另有一说为：吃猪是祭祀母系氏族时代缩影神。

在母系社会时代里，人们只知其母，不识其父，女人大于男人，男人服从女人。因而在祖神名号中便有"拔浪竹林，浓浪竹共。拔浪苟林，浓浪苟共"的称谓说法。女人在先，为大、为古、为道；男人在后，为老、为群（族）、为路。从这个角度来说，岂不正好对应了母系氏族时代的社会背景了吗？听老一代的师祖们说，这吃猪所祭祀的对象（祖神）并非是历史上的某人或某一地名，而是人类原始古代一个时期的缩影。人类发展从其而来，故在祖神名号中有女男、最古、最老、古道、老路等说法，这便是人类的元祖神祇。

还有一说为：吃猪是祭祀人类的始祖神。

不管是祭祀阴阳两性这元素神也好，还是纪念母系氏族时期的缩阴神也好，这些都不能说是苗族自己的祖神，而应该是人类共同的元祖神才对。苗族本身当然也是人类这个大群体中的一员，祭祀人类共同的祖神便是理所当然的事情了。

吃猪主坛（石国慧摄）

吃猪副坛(石国慧摄)

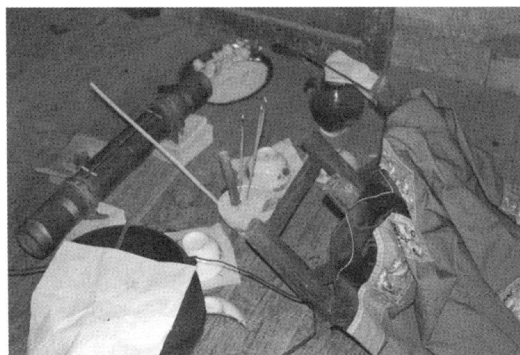

吃络副坛的花衣(石国慧摄)

吃猪主坛的供品(石国慧摄)

吃猪副坛的供品（石国慧摄）

吃猪仪式中的饭供（石国慧摄）

吃猪仪式用餐之后的场景（石国慧摄）

十六、许敬雷神愿

【名称】

敬雷神愿。

【别名】

敬雷祖。

【苗名】

候松、候棍松。

【原因】

有关叩许敬雷神愿的原因较
多，大致分为以下几个方面。

敬雷神神愿标志

其一，因家中树木遭到雷劈而许。在苗族人的传统观念里，雷神是人类
的公安神、法律神，专管人间的十二差十二错，如敬雷神的神辞中所说的：

（1）母来吃饭不能瞪眼，父来吃菜不许怠慢，做人首先要孝顺父母、关
爱长辈才行。

（2）剩饭不能发霉，剩菜不许发馊，做人要节约粮食，不能暴殄天物。

（3）住好不能骂村，坐好不许骂寨，做人对待邻里要互相团结，和睦相
处，不能凶狠恶毒，我行我素。

（4）树直不能试刀试镰，软土不能插棒插棍，为人要爱惜树木花草，不
能随意砍伐，破坏生态环境。

（5）放水牯不能吃禾苗，放黄牯不许踩庄稼，做人要爱惜禾苗庄稼，维
护养命之神，爱惜养命之源。

（6）不能放刺路中，不许阻塞通道，为人不能做有碍于人们行走的事情
及阻塞通道。

（7）住好不能多手，坐好不许多脚，做人不能偷窃骗取他人财物。

（8）天晴不能骂晴，落雨不许骂雨，为人做事情要顺其自然，不能根据
自身的意愿而逆天行事。

（9）不能欺负一宗人小，不许凌辱一族人少，做人不能以大欺小，以强
欺弱，如欺凌妇孺及势单力薄之人。

（10）在做阳春的时候，不能随意放别家的田水，不能挖别家的土坎及地

界，这些损人利己的事千万别做。

（11）不能留恋他人房中的妻，不许羡慕别家屋中的儿，正人君子不能充当破坏别人家庭的第三者。

（12）运粮借人要满斗，量米借人要满升。为人要诚实守信，不必过于斤斤计较，更不能少斤短两，克斗扣升。

另外还有不用雷劈树当柴烧、起牛栏、不用鸡粪浇瓜菜等内容。

若人触犯这些条款，轻者劈树以警告，重者劈人以惩罚。因此，凡是其家树木遭到雷劈，都要叩许敬雷神的大愿，此是其一。

其二，凡是家人染患恶疮或是遭到伤灾血光，在使用多种良药后，经多位药师反复久治无效的，传统观念便认为是触犯了雷条天威，要许敬雷神愿认错求保才能痊愈。

其三，家中遭到莫大的冤屈，有理难以辩明的，也有许此愿以求清白的做法。

其四，久旱无雨，为求雨故，也有许此愿以求甘露的做法。

【愿标】

愿标同上节吃猪的愿标一样，用草索将木板的两头套住吊在一根竹杆上即可。

【场地】

因雷神是在空中的，故愿标也必须吊在户主的滴水屋檐下。

【神名】

大桌："炯奶汝内，炯图汝卡，炯奶汝乖，炯图汝度。"

意为：七个好人，七位好汉，七个好官，七位好员。

小桌："葵绒出哈出夯，录潮出青出见。"

意为：龙公做山做川，龙母做坪做坝。

【出处】

"笔岁笔你江岁立纠，抱休包照江三立见。"

意为：出生出在江西雷州，养生养在江汕雷县。

【方法】

将愿标制作好了之后，用纯索吊起在屋檐下的半空中，之后连续3天都要烧蜂蜡糠香。

【还愿概况】

敬雷神的时候，要一大一小两头猪，又叫头猪、二猪。大的叫"爬松"，是敬雷神的。小的猪叫"爬绒"，是敬给龙神的。因为雷和龙都是专司雨水的使者神，故须同时供奉。

设坛之前，先要把家中的盐、鸡和鸡蛋全部取出寄放于别家或别处，因为雷神最为忌讳这两样东西，别说是实物，就连在大家讲话时都不能提及，此是原则上的当头大忌，万万不能触犯。同时，在祭祀中除了不能讲鸡讲蛋，不能讲盐之外，更不能吃盐，并且在送神之后的三天之内，主家都不能吃盐！

雷神最爱干净，设坛之前，所有一应供品及物件都要清洗干净，同时还得另外去井中担一担水来瓢洗门外坪场才可摆设祭坛。

神坛设在户主门外屋檐下的阶檐坪上，分主副两坛。主坛为雷神坛，九呈九献，包括九碗舌条粑（苗语称"白棉归"），九碗酒，一碗肉，一碗香米利什。小坛则五呈五献，供品同大坛。坛四周有9杆雷旗、5杆龙旗。

呈上牲酒肉粑等供品后，即交牲。杀牲时，只开膛不破肚理肠，将肚肠放于一边，送神后再理，只用肝肺心肾肉等敬熟供。

仪式程序如下：

启建前，先用清水泼洗坪场。然后坐在大桌前敲竹柝，烧蜂蜡糠香请神（把高笭），降神后，敬入堂酒（能梅斩）、送入堂酒（走梅斩）、交牲（交书）、讲雷古根（岔共笭）、认错（用错）、忏悔（卡色都呕）、上熟（袍服袍能）、送神（送棍）、送酒（走炯达）、倒坛（册纵）才算完毕。下面，我们对这十一堂仪式逐一简述。

（一）净场（茶得）

在没有正式设坛之前，户主得先到水井处去挑一担水回来摆在门外坪场，巴代在叩师之后用瓢舀水泼洒西坪场，边泼水边念净场神咒，为的是洗净一切不干净的污秽，好来安设神坛敬神。

（二）启建请神（把高笭）

净场设坛，摆好供品之后，巴代即坐在大桌边，面朝外虚空处，点蜂蜡糠香香碗之前须边敲竹柝边吟诵神辞启建请神。启建请神的内容包括说日子、讲原因、述筹备供品及摆设坛场、请师、驱鬼、化堂收祚、上神堂请雷祖神、神堂通呈保佑、请雷祖神下界、安神等小节法事。

（三）敬入堂酒（能梅斩）

按照苗师巴代雄祭祀贯例，凡是请神下界进入祭堂之后，都要以酒代茶来敬献，以此表示苗家好客之情。这里所敬的入堂酒的供品有大桌七碗酒、七碗长条形糍粑、一盘肉，小桌五碗酒、五碗长条形糍粑、一盘肉。大桌是敬给七位雷祖，小桌是敬给五方龙神的，在苗族人的传统观念里，雷神和龙神是一个系统的神。敬入堂酒的内容包括讲供、通呈保佑、留气、短隔、供雷神、供家祖及祖师、供龙神、供寨祖东道主神等小节法事。

（四）送入堂酒（走梅斩）

神灵进入祭堂以后即献上供品让其吃喝，足以表现出苗族人待人接客的隆重礼仪，这还不算，在神灵肉饱酒醉之后，还要把这些没有吃完的糍粑、酒、肉等供品打包，然后由巴代的祖师及户主的家祖、本村的寨祖和司肉神等这些东道主神们抬着交送去雷神、龙神的神堂里的肉堂酒铺之内，等神灵回府日后享用，这也是祭祀贯例，体现出了苗家人办事慎重、尊敬客人的情谊。送入堂酒的内容包括用铜铃作瓢来舀集供品、用布条打包、隔散堵漏、上神堂、交供、下界回堂等小节法事。

（五）交牲（交书）

交牲又叫交生，就是把供猪交给神灵。敬雷神一般用的是一大一小的两头猪，苗语谓之"琶绒琶耸"。大猪交给雷神，小猪交给龙神，两头猪都要交到神灵的府第里去。巴代扯下一撮猪后颈毛，口诵神辞，要其祖师、户主的家祖、本村的寨祖、司肉神等这些东道主神们牵赶着交到神灵的府第里去。按照祭祀贯例，凡是敬神的供牲都要先交牲之后才能宰杀的。交牲仪式包括喂猪水、净猪身、修路、牵赶供猪上神堂、交到神灵的猪圈、下界回堂、宰杀修净、开膛取出内脏、洗净下锅、煮熟上串等小节法事内容。

（六）讲雷神古根（岔共耸）

讲雷神古根时，要两个巴代，头师坐在大桌前不时摇铃，偶而随着二师不时地复述几句。二师则头戴一把新伞，右脚踏在铧口上讲述古根，面朝屋外，背对屋内，站在大桌的一旁（大桌与屋檐板壁间），先叩头三下，后用诵腔白话讲述古根。大师则坐于大桌前，背对小桌。讲雷神古根的仪式包括有开天辟地、发神发人、雷神出世、与凡人帝王斗法、帝王凡人认输取和、授权让雷神管理凡人公平孝顺等事，七位雷祖兄弟分家立地盘等内容。

（七）认错

讲完雷神古根之后，二师退去一旁，头师则站起来替户主认错，如事较为当紧，还得问是错在哪一件事。如果是祭雷劈树的祭祀，则须到所劈之树旁认错。如果是为了寨子或一个地方求雨而举行祭雷神的祭祀则要替寨子或一个地方的人认错。认错仪式包括错喝风骂雨，错不孝敬爷娘父母，错浪费腐烂粮食，错短斤少两、尖进平出，错用鸡屎种菜，错用雷霹树修建或烧煮，错烂肠坏肚起心害人等12段内容，又称为"十二差错"，是苗族人观念中的道德底线。

（八）担保（卡色都呕）

认错过后，下接担保（卡色都呕）。触犯了雷神之律条（天条），是认错还不够，还须有人给予担保，保证以后再不触犯才行。担保仪式中所列的担保人共有五组：①雷神的舅爷；②户主的家祖；③本村的寨祖；④司鱼肉神；⑤巴代的祖师。真可谓严格至极。

（九）上熟（能梅兄）

上熟即是敬献熟供。将猪宰杀之后，退毛修净，开膛取出的肚胃及肠子放到一边暂且不理，先用心、肺、肝、肾、脾、肉等这些干净的部分洗净下锅煮熟，切出大桌七份，小桌五份的数量，分别添酒加粑，再用大盘装肉，呈上神案，请神享用。上熟仪式包括讲供（扑内）、脱锁解链（他苏他那）、留气留福（周先周木）、短邪隔煞（修力修章）、后敬吃喝（袍服袍能）、撒愿（拢愿）等小节法事内容。

（十）送神（送棍）

神灵食用糍粑等供品，肉饱酒醉之后，所办已办，应供已供，此时便可送神回府了。送神分别为送雷神、送龙神。送神后接着交余供，也分别作两堂交送。在交余供于神堂之时，还要向神问事，问病情可好？几时得好？或可有雨下？何时可下？有几分雨量？这些看事所为，据事定夺。问完事后，即可下界回堂。

（十一）倒坛（册纵）

送神之后，即可用神辞及诀法拆坛，烧纸化财，撤去一切摆设，众人分散回家，之后户主还须忌三日不能吃盐。

【神名称号及物件称谓】

大桌神名："炯奶汝内，炯图汝卡。炯奶汝乖，炯图汝读。炯奶刀首刀米，炯图铁脚长江、抓卡汝绒。"

意为：七个好人，七位好众。七个好官，七位好员。七个道士道长，七位铁脚长颈，大气好力。

小桌神名："葵绒出哈出夯，傩潮出青出见。"

意为：众龙做夹做谷，众神做川做坝。

物件名称：几北斗耸，吉早斗度（桌子）

达齐这汝，达恩泻格（供碗）

公色纠达，傩然纠这（糍粑）

酒豆酒江，酒江酒明（供酒）

格绒白补，格潮白冬（纸幡）

爬林爬章，书虐爬汝（供猪）

昂斩缪米，意记松斗………

泼水洗堂神咒：内腊就到纠奶留吾比干，纠图留斗比昂。苟茶打得哨吾，苟茶吉秋松龙。茶标茶斗，茶纵茶秋。茶齐尖尖，飘明忙忙。列西烔奶汝内，烔图汝卡。烔奶汝乖，烔图汝度。

意为：人们端得九个井头之水，九个源头之泉。拿洗屋檐滴水之坪，拿洗阶檐门外之场。洗家洗宅，洗屋洗房。洗得清清，擦得明明。要敬七个好人，七位好众。七个好官，七位好员。

十七、许椎牛愿

【名称】

许椎牛愿。

【别名】

吃牛愿、吃股脏、敬大祖神。

【苗名】

候尼。

【原因】

传说，古代椎牛为部落氏族建会结社的一种仪式活动，有以一个部落或一个氏族、几村几寨或一村几寨、一村一寨为单位来共同举行。近代则不然，都是一家一户单独举行。而椎牛的原因也有多种，下文将单家独户椎牛的原因分别叙述。

（一）因病

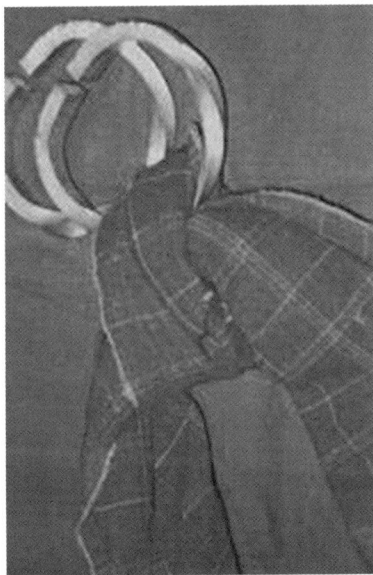

椎牛神愿标志

过去苗家人一旦染患肺病、支气管哮喘、结核痨病、心脏病、肾病等五脏六腑内科疾病，服用多种草药，经过数年久治无效后，人们便请大师占卜，或小师问卦，或照水碗，或翻病书，或卜米卦，或问草把、桃仙、看阴阳，普问遍测，经过多处、多位师人皆言相同，须椎牛敬大祖神方能痊愈者，便请巴代来家举行许椎牛大愿，若如期痊愈，户主家才可筹备供品，择日选时举行椎牛大典。

（二）因怪异

大凡家中有反复出现反常现象，各种怪异（又称蛊怪或古怪）接连不断，如米桶之内生长黄菌、堂屋干土长菌子、母鸡啼鸣、公鸡下蛋、猪吃崽、狗吃儿、鸡啄蛋、房屋乱响、屋内幻影常现、播撒均匀的谷种在田中旋成数层圈子、幻觉有人呼唤、大火久烧锅水不开、煮饭不熟、酿酒成毒、飞鸟突死于当前、天空无故当面滴血等怪异事件。苗家把这些现象称为六十四怪，传说这些都是将要发生大灾大难、大祸大害之前的凶兆。这些怪异事件若只发生一次或一种也就算了，若是反复发生多次多种的话，户主便要找各处大师占卜问卦，若多处多人皆言相同，都是要祭大祖的活，则必须许愿，许愿满三年后没出大祸事者才可考虑要择算吉日举行椎牛大典。

（三）求子

久婚无子或正妻无子又去娶妾皆无子者，通过还求子傩愿、修路架桥、各处赠送善银钱款、广做扶贫养孤、救苦济难等功德善事皆无子嗣者，也可许椎牛大愿。若如期得子，才可择算吉日举行椎牛大典。

（四）求财

中等家产以上欲求大富者，也可许椎牛大愿，若如期发家致富，才可择算吉日举行椎牛大典。

（五）其他

过去有的家族经过数十代的发达兴旺之后，其家族已由数十家发展成数百户，住地由本村发展到了外地，家族需要分支分系。按苗族的习俗观念，要吃三堂牛才能分开出其支系的"系魂保安布条"。该布条长约40厘米，宽约12厘米，材质为丝绸花格布，是吃猪、椎牛等重要祭典必不可少的、维护家族团结平安的神圣法物。该布条从一匹长3.3丈、宽0.24丈的丝绸家织布的中心点剪出，卷成一卷装入小紫竹筒内，平时不准打开、不能平放、更不能倒置，小竹筒口用一张钱纸（冥币）卷成一坨扎住，置放于苗师巴代雄的祖坛内。

【愿标】

用红绸缎套在一种银饰上，如手圈或颈圈上皆可。

【场地】

在主家堂屋中柱下摆饭桌而许，摆上九碗酒、九碗肉，打锣鼓三通后巴代敲竹许愿。许成后将此愿标收藏在衣柜或箱子、衣桶之底，到还愿时取出示众解开即可。

【神名】

(为求财而许者)林豆棍见，林且棍嘎。

意为：大祖保财，大宗佑福。

(为求子而许者)林豆棍得，林且棍嘎。

意为：大祖保儿，大宗佑子。

(为求好病而许者)林豆棍总，林且棍在。

意为：大祖保康，大宗佑吉。

(为求名而许者)林豆棍乖，林且棍度。

意为：大祖保官，大宗佑职。

(为求丁财而许者)林豆棍发，林且棍求。

意为：大祖保发，大宗佑旺。

(为求富而许者)林豆棍元，林且棍岭。

意为：大祖保裕，大宗佑富。

(总的神名)林豆，林且。

意为：规律法则，行为准则。

【出处】

林豆浪萨够斗标，林且浪萨肥柔纵。

意为：大祖的千年本堂，大宗的万年本殿。

【方法】

将大桌一张摆在堂屋朝地楼一面的中柱下，锣鼓铜跋一套。锣鼓乐队为三人，桌上摆方升一个，香米上插香、摆利什、愿标。摆上三碗酒、三碗肉、香碗一个内烧蜂蜡糠香，竹析、铜铃、筶子等摆在桌上。先打锣鼓三通，之后巴代敲竹析吟诵许愿神辞，请师讲供驱鬼收祚，由祖师上神堂交愿标，进入大祖神堂时，止住神辞，巴代摇铃，打三通锣鼓后再让祖师进去讲愿标因由并在交纳求福后打筶问事，下凡时打锣鼓三通送祖师。凡是打锣鼓时巴代会摇铃配合，结束后将愿标交由户主收藏在衣桶底层，如愿所达之后再买水牛椎牛还愿。

【还愿概况】

椎牛所需的供品和物件有：

供品包括猪二头，雄鸡两只，黄牛一头，水牛一头，打糍粑的糯米百余斤，糯米饭(敬牛肝饭)，甜酒，白酒适量，豆腐，青油，烟茶，大米，黄豆，小菜等。

物件包括新桌子三张(几北),新长凳两张(蒙回),新短凳两张(得回),新木盘两个(窝拔),新木架一个(格斩),牛柱一根(图牛尼),挂肉串的新木扛两根(图然昂),新睡席一床(窝篓),新伞一把(色显),碗百余只(窝这),蜂蜡一块(嘎得),钱纸十沓(头扎),线香五百(香),石磨一扇(窝柔),铁三脚一把(窝扛),有耳的铁锅一口(窝晚),葫芦一个(刀候),小竹篓一个(窝咒),隔筛两把(窝笑),牛角酒杯一套(格油),甑子一个(窝借),稻草扎骑马人一个(得内嘎浓),白纸一沓(五十张),红、绿、黄、黑纸各十张,唢呐一对,长号一双,大锣一面(蒙炯),大鼓一面(蒙陇),地铳一套(三个),火药适量,鞭炮三万响,梭标两把,竹子五根,芭蕉叶(录就),调勺(调够),等等。

椎牛的仪式程序及时间安排(筹备工作等项在此不标):

第一天:吃猪,送黄牛,敬家祖,等等。

第二天:敬雷神,敬谷粟神,敬日月神,敬大祖巡察神,等等。

第三天:封纸束,摆神坛,下午迎大祖、敬拦门酒,晚饭后慰客,摇边门木架讲诵椎牛《古老话》,请大祖神,敬九呈九献,送九呈九献,拆神坛,开鼓,栽谷栽米,跳鼓对歌,跳鼓的同时巴代敬晚供酒饭,重复启请大祖神,等等。

第四天:早晨竖牛柱,敬早供酒饭,捆牛,简单重叙请神,喂牛水,赶鬼隔煞,护堂收祚,祈福留气,修路,交牲送牛,画椎圈,发梭标抹面,绕柱椎牛,与此同时巴代于门前所设的神桌前摇铃护场,敬牛血烧骑马草人(送神),合牛招魂再送,敬牛肝饭给家祖等神,送家祖、寨祖、祖师等神,送客。

第五天:倒牛场,拆牛柱,清理物件退还各主,晚上敬水牛头求财。

供品的分配:

猪。左前腿(生肉)及胸、猪头下盖、带尾后腿上小坨肉及部分五脏肉串归舅爷。右前腿及猪头上盖归巴代。喉管及肺、盖饭肉、一半颈项归刀手。余下入锅大众享用,后腿一支归主家。

黄牛。用前后腿肉切成巴掌大一块共(煮熟)50片,用篾条穿起共10串,每串5片,挂在堂屋上方的两根肉扛上。牛肚要切9块圆形肉用来垫碗敬神。牛颈项归刀手和酒师,胸及后腰肉归巴代,其余可作小菜处理。

水牛。带尾的后腿归母舅(得忙吉子),没带尾的后腿归妻舅(度忙吉录),左前腿归姑舅(得忙吉嘎),右前腿归姊妹(度忙吉牙、姊妹多者可共分),牛血用来敬大祖后送大祖神回府,牛肝用来敬家祖等神后送神回府,颈项归刀手,后腰肉归酒秃(酒师),胸及腰肉归巴代,牛头归主人,五脏六腑归众人享用，牛角归主人挂在堂屋二柱上。

椎牛大典大体包括以下二十六堂仪式：

第一堂：将棍空（请师出坛）。

巴代在接受各处祭主们的奉请之后，在出发去祭主家之前，得先在其家祖坛前烧黄蜡宝香请坛内祖师出坛，一同前往祭主家里主持祭祀，这一做法称为请师出坛，苗语叫做"将棍空"。

第二堂：休足、封牢总（收祚、封牢井）。

为了保证在祭祀期间不出差错和问题，使其由始至终都能吉利平安，因而巴代在从其祖坛出发去祭主家的半路途中，在四周没有人看见的情况下，找一僻静处于地下挖一小土孔，祭祀术语称为'牢井'。用诀法把在祭祀中可能出现的病灾瘟疫、是非口嘴、打架闹事以及邪师邪教用邪法邪诀操纵邪神邪鬼来进行拢乱破坏祭祖活动的这些因素全部封押在此牢井之内。

第三堂：龙爬（吃猪敬元祖）。

元祖神是比大祖神低一级的祖神，大祖神是自然规律，是大法则和天平准则，而元祖神是阴阳两大元素，是造化生发万物的两大基因，这些本是物性的东西被人格神化了，成了一尊一尊的神。相比之下，元祖神小于大祖神，因而在敬大祖神之前先要请元祖神前来参加筹备工作，到时好一起来接待大祖神。

第四堂：抱油葡（杀黄牛）。

在还没有正式椎牛之前，要进行很多科目（堂）的仪式（法事），如敬雷神、敬谷粟神等，特别是在正式上客的当晚要正式的请敬大祖仪式中的敬九呈九献法事，要用挂在祭主堂屋上方的两扛肉串的肉给祖神下酒，这些都要用很多的肉，这些肉就只有先杀黄牛才够用。因而在当天举行完吃猪敬元祖神的仪式之后，便要向神灵交送黄牛，宰杀后剥皮剐肉以作未椎牛之前这两天的法事中所需之供肉，故名为椎牛神坛所用之肉，苗语为"尼莎油葡"。

牛杀死之后，剥下牛皮，将四腿上的肉割下如巴掌大的一块放入锅中煮熟，然后用竹条串成五个一串共 18 串的肉分两扛挂在祭主堂屋上方的两根木杠上，牛肚片切成 9 个圆形的垫碗肉。同时，此前所有的相关法事所用的肉都是用黄牛肉来作供品的。

第五堂：西向（敬家祖）。

户主本家的祖先神是敬奉大祖的东道主神。阳间的东道主有户主和巴代人等，而阴间的东道主神则是户主的家祖、巴代的祖师、本村寨的土地寨祖神等。因此，在没有正式敬大祖神之前，先要敬本家祖先神，通知他们作好招待大祖神的准备。

第六堂：出棍耸（敬雷神）。

"出棍耸"即敬雷神。在苗族人的传统观念中，雷神也是属于祖神之一，苗族人都把雷神称为"阿剖打耸"，即雷神爷。还有传说认为，蚩尤死后成为雷神，专司雷火，一旦天上打雷，便先有火光，有时还会焚烧森林。雷神好战，火归南方，管理其子孙们的孝敬公德、天理良心、公平公正等事，因而苗族在不通王化、没有官府的情况下一直没有奴隶剥削，维持良好的社会秩序直到今天。

敬雷神仪式在主家门外的屋檐下进行。两边各设有两桌，一为主坛，一为副坛。主坛摆有九碗酒、九片牛肉、九碗长条形糍粑。此为敬雷神坛，其中，七碗敬雷神七兄弟，两头两碗供祖师与东道主神。副坛摆五碗，种类如前，为敬龙神坛。其中，三碗敬给龙神，两头两碗供祖师与东道主神。

第七堂：不青（敬日月神）。

"不青"又叫做"不青他力"，即除怪驱煞之意。信士家之所以椎牛，也是因家有鬼怪、不安宁之故，因而在祭典中便有除怪驱煞的仪式了。

"不青他力"在主家门外的屋檐下进行。两边设有两桌，一为主坛，一为副坛。主坛摆有九碗酒、九片牛肉、九柱糍粑，一升香米上插利什。此为敬日月神坛，其中七碗敬日月神，两头两碗供祖师与东道主神。副坛摆五碗，种类如前，为敬钩愿神坛。其中三碗敬给钩愿神，两头两碗供祖师与东道主神。

第八堂：出棍弄（敬谷粟神）。

"出棍弄"又叫做"爬楼料弄"，意为赎找谷粟神的精灵，即敬谷粟神。苗族人尊重稼苗，认为五谷有精灵，先人称为"归楼归弄"或"棍楼棍弄"。为了达到五谷丰登的愿望，人们就在椎牛祭大祖神的仪式中设有专门乞求五谷丰登的仪式，唯恐祖宗留下的五谷精灵撒落在前人的碗盘中、仓库中、田头地尾中、运粮途中、晒谷场中等处，因此，要巴代的祖师们与信士的家祖、寨祖们与谷粟祖们一同把撒落的五谷精灵找回来，安奉在信士家的仓库中，以促使人们五谷丰登，有好日子过，也就达到了祭祀大祖之目的。

第九堂：沙酒（敬大祖巡察神）。

主家要椎牛敬大祖神，须在阳间做很多筹备工作。为了让坐在天宫的大祖神了解到这些工作的具体情况，巴代的祖师们去请大祖神专管巡察及有关筹备事务的神员下凡到主家来实地视察主人备办的酒肉供品。沙酒时，用大簸箕一个，内摆五碗水，水内加几粒高粱；熟牛肉五片，摆在门前屋檐下，面朝东方，前摆香碗一个，巴代摇铃唱诵神辞。

第十堂：扑头(请剪纸神)。

"扑头"请剪纸神仪式在户主的堂屋中柱下进行。用一张饭桌，上摆五沓钱纸、一升米、上插剪刀一把和利什、一盏青油灯、五柱糍粑、五碗酒和肉等，加上一碗蜂蜡糠香，一个竹柝，一个蚩尤铃，一副骨卦。巴代坐于桌前叩师请神，剪纸神下来后，即帮信士家人脱枷解锁"他苏他那"、留气加寿"周先周木"、消灾驱煞"休力油章"，然后敬喝供吃"扛服扛能"、嘱咐神"几卡棍"、交余供送神"送棍"、化财"窝头"完毕。

第十一堂：封头尼(封纸束)。

椎牛祭坛前有两束大长钱纸，一束插在摆有大鼓的上方，称为"头洽陇"即罩鼓纸；另一束插在挂有大锣的上方，称为"头洽炯"即罩锣纸。巴代为了防范椎牛祭典中不出任何问题，便将椎牛祭场中的这两束大长钱纸化为罩盖住整个祭场法物，使邪师及口嘴鬼拢不了边，从而达到维护良好秩序之目的。故在上客当天的中午之前要用诀法神咒加持在这两束长钱纸上，苗语称之为"封头尼"。

封头尼在主家的门外摆有锣鼓的地方举行。先将两束大长钱纸插在地下，在一小桌上摆一碗蜂蜡糠香、一沓钱纸、一碗酒、一双筷子、一碗肉、一碗凉水。巴代先于桌前绕纸叩师、敬送酒肉，然后在纸束边念咒用诀，造化圣水、造化纸束，然后用圣水喷在纸束上。如此三次之后，将纸束插于锣鼓的上方即可。

第十二堂：当竹(迎大祖敬拦门酒)。

拦门歌，在接客的时候，由几名姑娘(年轻妇女)用盘端上三杯酒、三碗肉、三双筷子在门边等候接待客人，表示恭迎之意，也表示慰问客人的路途辛苦、奉送客情贺礼等事。这里的客人指的是户主家的大舅、二舅爷，其他客人次之。围场鼓舞歌，指的是在客人们酒醉饭饱之后，于主家的堂屋中，所对唱的一种欢庆喜乐的歌。拦门歌分为主人接客所唱的歌和客人对答所唱的歌这两种内容。

第十三堂：沙卡、岔共尼(慰客、讲古老话)。

上客当天，当客人们都到齐并吃过晚饭之后，大家聚在堂屋神坛周围，屋内屋外皆站满了人，此时由巴代或者族内德高望众并善于谈今讲古的人代表主人向大家问好致谢，苗语谓之"沙卡、岔共尼"。

《古老话》是记录苗族历史与文化的诗歌体裁、口头文学。在椎牛祭祀大祖的仪式中，讲古老话是其主要的成份之一。古老话的内容从头到尾地叙述了苗族传说中的开天劈地、万物行成、人类产生、苗族迁徙、鼓社鼓会、蚩尤故事传说、分姓氏安家建园等情节内容。

《古老话》有多种，因不同地区、不同分支的家族所处的各自不同的环境、时代背景和遭遇而形成了各种差异，其篇幅有长有短。

讲《古老话》和唱《古老歌》的活动在主家的火炉间与堂屋间的上楼处排方下进行。在排方上挂一木架，在木架内铺上芭蕉叶，上陈米饭甜酒，以供先人。

讲《古老话》的巴代站在木架下面，面向众人，边讲《古老话》边不时用手摇几下木架，表示在迁徙中的爬山涉水，以及从古至今，苗族人民在这只大乘筏船上团结地一路历程。

第十四堂：把高尼（请神）。

"把高尼"即是椎牛大典的总叙。其神辞表述了户主椎牛的日期、原因、许愿、各种供品和各类物质的筹备情况、报客、请巴代来家主持启建、请大祖神等内容。此堂仪式也为椎牛大典的重要仪式之一。

总叙仪式在主家的堂屋进行。用三张饭桌横着堂屋一字排开，在中间的一张桌上摆一扇磨盘，磨盘上摆一个垫锅竹圈、竹圈上摆一带耳的中号铁锅，在铁锅上用草扎一骑马人，用纸糊好，画好脸面，马的脚腿分别绑在两边的锅耳上，马头朝向地楼火堂一边。在上边的一张（火炉的一边）桌上摆一竹篓，用芭蕉叶垫铺，内装米饭甜酒。一边摆一把隔筛，内装一盘粗糠及包有蜂蜡的钱纸，以供香蜡师随时添加入燃烧香碗中。另一边摆一块木盘，内摆一钵米饭甜酒和一把勺子，以供酒师随时添加甜酒在桌上的九个碗中。中间用钱纸架一竹杈，好让巴代坐于桌前边敲击边诵神辞。竹杈的后面摆着用砖头垫铺燃烧着蜂蜡钱纸的香碗，三张桌子的边沿分别倒放着九只碗。巴代居中，香蜡师居左，酒师居右。加上户主、母舅、妻舅、姑舅、女舅（亲家）、刀手（专司供肉）一共九人为陪神人共同围桌而坐。

第十五堂：袍纠散纠茶（敬九呈九献）。

将"林豆林且"大祖神的妻子和九个儿子请下凡间之后，立即敬入堂酒，又可叫做交牲（生）酒。先将原先倒放在桌子上的九个碗翻转过来，叫"得忙江酒"（酒师）用勺子舀上甜酒盛于碗中。东家户主则要披上背小孩的大崩（背被）坐在主人席上，手拿装水酒的牛角。当敬到第三碗酒后，便要"爬葡"（即向祖神讨儿孙），主人到时要接贵子。酒师手端木盘游酒，酒碗是放在新木盘上的，同时还要放一串肉，每串共有 5 片肉。每每游（敬）完一碗酒，酒师便解下肉串中的肉片，取出一个放在巴代面前，一个放在江昂（刀手）面前，一个放在江酒(酒师)面前，余下两个是舅爷和姑爷的。边屋的一桌摆一把筛子，内装酒碗和肉碗，肉碗上放一双筷子。每次在酒碗中加点酒和几颗炒熟了的肉。敬完第六碗酒后，要交鸡。敬第七碗酒时，要加一碗酸汤一起敬。巴代坐在桌子头面向夯告一边，左手执铜铃，右手拿骨卦做道具法器。

第十六堂：送纠散纠茶(送九呈九献)。

按照祭祀规矩，凡是神灵吃过的食品，不管吃完与否，都要打包交送到神的家中橱柜里去，这样才算虔诚敬奉。这九呈九献一共要分三次去送。第一次送第一呈一献，第二次送第二呈二献到第六呈六献，第三次送第七呈七献到第九呈九献。送了第二次即六呈六献之后，要"沙侯"即放风，让大家休息一会，可以离席去方便一下，然后再回来坐席陪神。送第三次时，要打锣鼓，陪神人员要和巴代站起来。当送到大祖府大门时巴代要作放炮声："嘣！嘣！嘣！"三响，表示威严隆重，然后再诵神辞。

送三次的神辞都是一样的，只要岔开其中的某呈某献的数字即可。送九呈九献用一块小布条去送，这块长条形的布条苗语叫做"提岭"，术语称为"送酒布"。

第十七堂：江楼江弄(播谷种粟)。

送了九呈九献、撤去神桌供案之后，此时差不多已近半夜了。人们在堂屋中摆下大鼓，先由大舅娘来唱"萨开陇"即开鼓歌开鼓，后由二舅娘来接鼓。打一阵后，便由巴代头师边摇"蚩尤铃"、边"踱迁徙步"、边吟诵"迁徙词、播谷种粟"的神辞在前引路，香蜡师端着装有香烟碗的筛子在后，二师在其后作边从筛内取种子边播于地下的样子，后面则跟随一长队的成双成对的青年男女，跳跃"迁徙舞、围猎捞虾舞、农垦舞、合鼓舞、团鼓舞"等，围绕大鼓走三圈后，巴代及香蜡师退下，由这些青年男女自己绕圈，跳鼓，盘歌，对歌，通宵达旦。

第十八堂：诵巴高尼(复述请神)。

巴代在引动青年男女跳鼓的队伍在堂屋中绕大鼓走了三圈之后，巴代便退下来吃饱宵夜。休息片刻，香蜡师便在地楼板上(度标夯补)摆一蜡香碗，巴代安起竹杴，在香碗前边敲边吟诵"巴高尼"即请神的神辞，再来奉请一次大祖神的妻儿，表示敬重。

第十九堂：高尼(系牛)。

椎牛当天的清早，户主家的家族兄弟们便去门外坪场去栽牛柱。人门牵来水牯，至牛柱边站定。司肉的刀手用麻绳套好系在牛角到牛鼻之间的绳索，巴代将三束五色长钱纸分别系在两只牛角及牛尾巴上。巴代回到门外桌边，燃香绕纸，叩师化堂，藏身保命，敬酒献供。然后到牛柱边用神咒诀法封牛头后，才可将水牯系在牛柱竹圈子上。这一系列做法苗语称之为"高尼"。

第二十堂：弄尼（椎牛）。

"弄尼"即椎牛，此堂仪式是祭祖大典中高潮时段的重要仪式，为祭大祖神祭典的核心法事。

椎牛仪式在主家门外的椎牛场内举行。牛柱栽插于场地中心，水牛系于柱中竹圈上，牛可以绕柱行走。届时，先要安排好以下人员：

1. 将主家门边所插的两大束盖锣鼓的长钱纸拿到椎牛场中，两个人拿着站在巴代的两边。

2. 香蜡师端起内有蜡香碗的筛子；酒师左手拿着一个崩芦、肉装清水，右手拿着几穗高粱。

3. 母舅和妻舅两家各派出一名椎水，手上拿着梭标。

4. 司肉刀手带领几个内行人拿着一把斧头和数把刀具。

5. 主家的七、八名小伙子，分别拿有长杆挽扎的套圈。

6. 户主带着袍袱、主妇扎着围裙。

7. 以上人等跟随在左手拿着骨卦、右手拿着蚩尤铃、身着布条法服的"巴代雄"师徒左右，在主家门前的椎牛场中站定。

8. 锣鼓仍在门外敲打，如相隔较远，则可移全椎牛场内。

9. 火炮地铳在场外鸣响。

10. 唢呐长号在场内吹奏。

椎牛仪式大体上分五步举行：

1. "扛吾尼"，即喂牛水。巴代摇铃口念神辞，由酒司将葫芦内的水及高粱穗喂给牛吃。

2. "吉柔头尼"，即用长钱纸在牛背上留福扫灾。将牛控制在头朝主家门口，尾向主家门外的位置上，主家夫妇站在牛头这边，当巴代拿着长钱纸由牛尾扫向牛头作"留气留福"（周先周木）的仪式之时，夫妇二人不时地扯下几张纸收进袍袱及围裙中以示得财喜富贵。

3. "修苟送尼"，即修路、交送水牛。巴代请祖师用神咒和手诀来清除修理从凡间上到天堂的路道，扫除一切孤魂野鬼、魑魅魍魉、铜刺铁钎、岩石土堆等障碍物，让送牛上天的道路畅通无阻，然后将水牛交上天堂大祖神府中的牛栏内。

4. "吉旋牛尼"，即旋绕椎牛场。巴代在带领一行人，蹈"迁徙步"绕场一周后，到水牛身边用铜铃画椎圈，后让主家方的姑娘用锅底灰画椎牛人的脸，巴代从椎牛人的手中取回梭标，用诀法后又将梭标转发给椎牛人，椎牛人转场半圈然才开始椎刺。

5. "帕尼"，即分解牛身。牛将倒时，主家方拿套杆的人将牛脚套住，待牛头朝向主家大门口时将牛放倒。然后由司肉的刀手用斧头将牛头砍下，剥牛皮，分解四肢即可。

牛身分配：

左后腿归"头炯"母舅方抬走，称为"得忙吉子"。

右后腿归"二炯"妻舅方抬走，称为"度忙吉录"。

左前腿归"姑娘"姑舅方抬走，称为"得忙吉嘎"。

右前腿归"得拔"女儿方抬走，称为"度忙吉牙"。

前胸"报长尼"归巴代，颈项归刀手及帮忙人，牛背及骨归其他亲戚六眷，每处分几斤，牛头归主家用来求大财。牛及牛头拿回主家堂屋"夫尼"合牛，牛杂用作"送棍尼"（送大祖妻儿）及"袍列善尼"（敬东道主神）。

整头牛就这样分完了，如远古人类上山打猎时期分猎物一样，被以主家为中心的血缘圈群体部落分得一干二净。

二十一堂：袍穷尼、送棍尼（敬牛血、送大祖神妻儿）。

水牛一倒地，主家的刀手便上前，用刀割断颈喉，用盆子接牛血，然后再伙同众人将牛头砍下，分解肢腿及牛身。

将牛血煮熟后，在堂屋内顺摆两张饭桌，将两碗牛血分别摆在两张桌子上，在碗上各搁一双筷子，没有酒，还有一个香炉碗烧蜡香。喊刀手和香蜡师站在桌边陪着，巴代站里边，面向大门，左手拿骨卦，右手摇铜铃敬牛血。敬牛血时二人各拿一碗游动表示敬供神灵，然后送大祖神的妻子、儿子们回府。

水牛归天，神灵也就送走了，只有信士的家祖、寨祖和巴代的祖师这些东道主神们留在后面，待合牛、送牛魂之后，再敬牛肝犒赏给他们，然后再送东道主神们回去。

二十二堂：夫尼达（合死牛）。

按照千古留传下来的规矩，牛椎倒地并分肢切割后，又必须将牛的肢腿各部按原来位置合摆在一起，再给大祖神交送一次，谓之"夫尼达"。合死牛的交送有两种方式：

其一，如时间尚早的话，可在椎牛柱下合牛交送。可不剥牛皮，直接开膛破肚，分割四腿，再合摆在牛柱下，牛头朝向主家，巴代站在牛尾一边合牛交送。

其二，如时间已晚，为了不影响客人回家，则可剥下牛皮，开膛破肚，分割四腿让其抬走。然后将牛皮牛头拿回主家，铺在堂屋，让牛头朝向地楼夯告一边，巴代可站在牛尾一边合牛交送。

合死牛时，在牛尾后地下摆一蜡香碗烧蜂蜡香，巴代站在其后用手诀、念神辞，先念将死牛合好的神辞，然后交送。

二十三堂：袍列善尼（敬牛肝饭）。

"能尼"椎牛又叫做"能起能写"，即"吃牯脏"。因为水牯的四肢四腿及牛肉皆被母舅、妻舅、姑舅、女舅及亲戚六眷们抬走了，只剩下牛的肠肝肚肺给主家方享用。主家虽椎牛，但却得不到牛肉吃，只能享用水牯的内脏，谓之"吃牯脏"。敬牛肝饭以牛肝煮熟后切块摆在糯米饭碗上呈供。

敬饭的祭坛设在地楼板上的火炉边，与吃猪仪式中的敬祖先饭"袍列"相似。先在地楼板上铺垫一床新睡席，然后装满十二碗糯米饭一字排开，中间十碗一排，两头两碗内收摆好，饭上叉开插着筷子，每碗饭上的筷子中摆有熟牛肝两片。三碗酒，一碗卤汤，一个香碗，火炉边烧三炷线香，并摆上一沓钱纸。

敬饭的主要祭祀对象是信士户主的家祖神（即祖公祖婆）、寨祖神（阿剖斗冬）、鱼神肉神（棍缪棍昂）、祖师神（棍空棍得）。人神大众喝酒吃牛肝，用牛肝下饭，进食用餐。用餐时，主妇们将甑子内的糯米饭捏成坨坨分发给在场的大众，称为"吃牛肝饭"

二十四堂：送棍度标（送东道主神）。

家祖神、东道主神、祖师神以及在场的所有人吃饱牛肝饭，肉饱酒醉之后，便要送神了。送神的内容大体分为四个部分：

1.送家祖回到家祖本堂，先祖本殿。

2.把祭场中的所有余供全部清扫包装交去家祖本堂，先祖本殿的厨房中去，并烧纸化财奉给先祖。

3.把祖师送回祖堂，把司肉神送回本堂，把寨祖送回村头寨尾之土地堂，烧纸化财奉给这些神灵。

4.帮忙人等各回各家，吉言好语奉承户主，圆满毕会。

二十五堂：开牢总（开牢井放邪师）。

第二堂有"封牢总"即封邪师的仪式，如今椎牛大典顺畅结束，巴代已从主家回来，路经此处，便要打开原先封闭的牢井，放出邪师，让其自由活动。

开牢井在原先封牢井的地方举行。巴代用一瓶（壶）酒，一块熟肉，三炷香和一沓钱纸即可开牢井。先打开原先所填的泥土，取出原先所埋下的小纸坨，与钱纸、香一起烧化，吹气送以酒肉即可。

二十六堂：巴代长纵（回坛敬师）。

巴代在主家主持完毕椎牛大典仪式之后，将拿得的一些酒肉、糍粑、香纸等物带回到家里。一进家门，放下行头，第一件事便是在家中祖师坛上的香炉碗内燃蜂蜡香，在坛前地下烧钱纸，奉请祖师回坛，领受供奉，然后才能去做其他事情。

届时，将酒肉等供品摆到祖师坛前的供桌之上，巴代边烧钱纸，边念请师回坛的神辞，通呈保佑，最后敬酒敬肉，嘱咐祖师安位守坛。

至于椎牛的连带仪式——用牛头求财则是客师巴代札的事了，这里暂不详说。

绚在花柱下的牛牯（石国福摄）

椎牛祭坛之一（周建华摄）

敬拦门酒给舅爷亲画花脸(周建华摄)

舅娘舅爷敬酒(周建华摄)

巴代敬九呈九献(周建华摄)

椎牛（石国福摄）

敬牛肝饭（石国福摄）

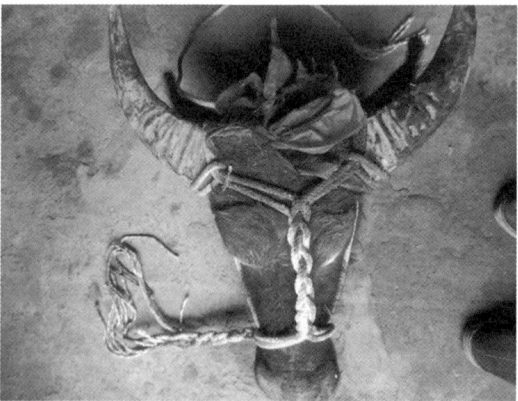

水牛头（石国福摄）

十八、许接龙愿

【名称】

许接龙愿。

【别名】

敬龙神、迎龙神。

【苗名】

候绒、然绒。

【原因】

龙神为中华民族传统观念中的祖神之一，俗话中的"中华民族是龙的传人""皇帝身体是龙体""我们是龙子龙孙"等正好说明了这一点。苗族将龙神称为"绒剖绒娘"，若是哪家见喜添人口，人们都会说是"达绒包标"或者是"达绒求周"，意为龙神进家了。可见，人们对龙的信仰的确非同寻常。

接龙神愿标志

龙，为苗族人民所信奉的吉祥物之一，认为龙神可以庇佑人丁，庇佑发家致富，可以保佑富贵双全，可以保佑兴旺发达，等等。总之，一切有利于人类的生存和发展，如人们所说的福、禄、寿、喜、人丁、金钱、权力、名声和地位、财产、处境和寿延等，一切好事的出现，一切理想与愿望的实现都离不开龙的庇佑，龙是传统观念中最吉祥的代表。

为了求得龙神的庇佑，人们在新建新房的时候，要选择一处"前有水抱，后有山靠"的龙堂凤地做屋场；在安葬老母老父上山的时候，要选择一处"左青龙、右白虎、前朱雀、后玄武、中明堂"都要优良的"龙穴宝地"做坟场等，于是人们便堪测风水，分辨山脉，分径拨向，寻找地气龙脉聚集之地。认为只要有龙的气息，便可得到龙的庇佑，得到龙的庇佑，便可得到人生的幸福，这是人们传统观念中最为突出的一点。

人们除了选择利用大自然中的舒适环境以安居，尚有将龙奉敬为神的做法，企图通过敬奉龙神来达到祈福保禄之目的。在湘西苗族村寨里，过去时代每家每户的堂屋都有龙穴一处，名曰"酷绒"即龙堂。内置一碗，装有一些碎金或碎银，碗内盛满清水，名曰"窝这绒"。上盖一块岩板，凿有黑白鱼"太极图"的图案，名曰"板柔绒"，即龙岩。整个设施称为"标绒标潮、标乖标令"，即龙屋龙宅、龙堂龙殿，专门用来安奉"便方便告绒剖绒娘、绒内绒骂、绒得绒嘎"，即五方五位龙公龙母、龙娘龙爷、龙子龙孙。

在安置龙堂的时候，户主必须举行"然绒"，即接龙仪式，并且要三年后举行一次，在九年之内举行三次之后才算圆满。之后可根据需求，或十年或八年再做都行。

人们要求人财两旺、五谷丰登、六畜兴旺、财源广进、家道兴隆、金玉满堂、子孙旺盛，而为了实现这些欲望，便要许接龙愿。若之后果然发达，实现了愿望，便要来还愿，大迎大请，大酬大敬龙神。

【愿标】

用五色纸剪成长条纸束，夹在一块竹片的头子上，上面再用齿形的圆帽封住纸束头即可。

【场地】

插在堂屋后壁的墙缝里。

【神名】

（接龙有客师接和苗师接两种做法，下面是客师"巴代札"接龙的神名。）

奉请东方青帝青龙，南方赤帝赤龙，西方白帝白龙，北方黑帝黑龙，中央黄帝黄龙，五方五位龙公龙母，龙娘龙爷，龙子龙孙，拿愿郎子，收愿郎君。

（下面是苗师"巴代雄"接龙的神名。）

然鸟苟达浪绒，苟炯浪潮，苟篓浪绒，苟追浪潮。比板便告，绒剖绒乜，绒内绒玛，绒得绒嘎。绒话绒求，绒笔绒包，绒乖绒岭，绒楼绒归。

意为：奉请东方的龙，西方的龙，南方的龙，北方的龙。四方五面，龙公龙母，龙娘龙爷，龙子龙孙。龙发龙达，龙生龙养，龙官龙富，龙兴龙旺。

【出处】

（客师）出兵出在何州，要来请到何州。出马出在何县，要来请到何县。要来请到东河东海，南河南海，西河西海，北河北海，中河中海，五湖四海。洞庭海河，洞庭海里。北京城千年本堂，南京城万年本殿。金鉴殿前，银鉴殿后，金鉴殿左，银鉴殿右，皇上身前身后，皇上身左身右。五方天下，大富人家。有车上车，有马上马。大兵请上八抬八轿，小兵请上高头大马。风快请来跟风，雨快请来跟雨，山快请来跟山，水快请来跟水。铺去阴阳二桥，请下凡间之中，某某大寨，土地祠下。人请千家开门莫过，神请万户开户莫行，请到信士户主某某某某，三衙门口，四脚门外，屋檐童子，滴水阶前，大门之中，小门之内。堂屋之中，中堂里内。

（苗师）然鸟照休便当猛格，照当猛昂。猛补猛冬，吉标王记。猛苟猛绒，猛吾猛斗，猛夯猛共。

意为：奉请到五河大洋，六河大海。大坪大坝，皇朝古都。大山大岳，大海大洋，大谷大川。

【方法】

许此接龙愿的时间，过去都是在大年三十夜除夕的晚上，制作好了愿标，到半夜子时，点灯燃蜡，把愿标插于堂屋后壁的墙缝里，摆上一张饭桌，摆上香米利什，五碗酒肉，巴代左手拿一只响碗，右手拿一根筷子，边敲碗边吟诵神辞。

【还愿概况】

接龙有苗师接龙和客师接龙两种。苗师接龙称为"然绒雄"，其神辞全系苗语，属于苗族原生态的祭祀。客师接龙称为"然绒札"，其神辞全系汉语，是苗汉杂居而形成文化交融之后的祭祀。这里所介绍的是苗师接龙、苗族原生态的接龙祭祀仪式。

苗师接龙有十六堂仪式。具体包括第一堂，将棍空（请师出坛）；第二堂，休足（藏身）、封牢总；第三堂，奈绒（小请龙神）；第四堂，扛服扛能（敬吃供喝）；第五堂，安绒（安龙神）；第六堂，巴高绒（中请龙神）；第七堂，袍酒包（敬入堂酒）；第八堂，交书（交牲）；第九堂，留吾炯绒（大请执神、水井迎龙）；第十堂，几排绒（接龙问答）；第十一堂，他数他那（解枷解锁）；第十二堂，袍服袍能（送喝送吃）；第十三堂，几卡绒（嘱咐龙神）；第十四堂，忙叫安绒（夜晚安龙）；第十五堂，开牢总（开牢井）；第十六堂，长纵（回坛）。

苗师接龙要用一头猪、一块肉、一桌豆腐、一两百斤的糯米打糍粑、一只花鸡、青油、香纸蜡烛、白酒等做贡品。要在堂屋中铺一新晒席，在晒席上铺三层新织的丝绸花布。在布上摆一纸扎的龙屋，屋内点青油灯。龙屋外按五方摆设，每方各有两捆新稻草把，草把上按方插五色龙旗。草把行内接连堆放两路糍粑，名曰龙街粑。五方有五个大粑，大粑上有糍粑被捏成龙形，谓之"龙粑"。五方外各点青油灯一盏，蜡烛一对。五方五位插有五色纸五束，下有香米一碗，酒、肉各一碗。龙屋前方陈设新绸缎花衣花裙，金银项圈，胸挂花串，指戒耳环等物。晒席前边沿地下有烧蜂蜡糠香的香碗一个，再接摆巴代的竹柝、蚩尤铃、骨卦等物，巴代坐在前面，背朝大门敲竹柝、诵神辞。

苗师接龙要两夜一天的时间。第一天晚上剪纸、扎龙屋，到半夜时盗龙。第二天清早摆设祭场，早饭后启建，接龙。晚上安龙、送祖师完毕。

具体仪式如下。

第一堂：将棍空（请师出坛）。

在苗乡，苗师巴代雄一般都以二人以上为一个坛班，每个坛班都有一个祖师坛，一般都是安设在掌坛师（师父）家里的堂屋后壁中。祖师坛又称神坛，苗语称为"纵寿吉标、秋得吉竹"，简称"纵棍雄"，里面供奉着苗族巴代的启教宗师和历代祖师，苗语称为"葵汝产娥棍空、傩汝吧图棍德"，简称"棍空棍德"。

巴代在接受各处祭主们的奉请之后，在出发去祭主家之前，得先在其家祖坛前烧黄蜡宝香请坛内祖师出坛，一同前往祭主家里主持祭祀，这一仪式称为请师出坛，苗语叫做"将棍空"。

第二堂：休足（藏身）、封牢总（收祚、封牢井）。

接龙是苗族较高级别的祈福仪式，虽时间不太长，但参与人较多。为了保证在祭祀期间不出差错和问题，由始至终都能吉利平安，因而巴代在从其祖坛出发去祭主家的半路途中，在四周没有人看见的情况下，会找一僻静处于地下挖一小土孔，祭祀术语称为"牢井"。用诀法把在祭祀中可能出现的病灾瘟疫、是非口嘴以及邪师邪教用邪法邪诀来进行扰乱破坏接龙活动的这些不良因素全部封押在此牢井之内。

封牢井的方法很简单，先于地上烧几张钱纸，叩师。然后用小木棍在地下或打或挖出一个孔眼，先用诀法将上面所提到的各种不良因素收拢在一张钱纸上，然后揉成一小坨扎入孔眼中，收三次，扎三坨，然后用土盖好，并放上一些杂草盖住新土，勿让他人发现就行。到回来的那一天，还要拿酒拿肉并烧几张钱纸来开牢井，释放这些被封押了的不良因素才行。

第三堂：年绒（小请龙神）。

传统观念认为，大凡家道财气冷落，五谷不丰，六畜不旺，人丁不发者，一般都会对龙神许愿，求赐财赐福，发家旺人，如愿以偿之后，即行接龙进家，以求长久兴旺发达，荣华富贵。

小请龙神又叫做喊龙，仪式在户主家的堂屋举行。何以谓之喊龙？之所以言喊者，原因之一是因为得在夜深人静之时去请龙神，并且不敲锣打鼓，不放鞭炮，不敲竹柝而是用一只竹筷敲碗作伴奏，属于悄悄进行，因而言喊。二则是因为龙神虽属水中灵物，但在人们的传统观念中，龙神早已被请入财主、员外、富户家中，有其家祖先守护，为了请得龙神，只有在夜深人静、没有防备之时去请他们，才能得到一些龙气。届时，于信士家的龙穴盖板岩上摆一碗米，上插三根香，摆一盏灯，香米碗后面摆一草把，将五色纸束插于草把上。五方五位分别点上一盏清油灯、一支蜡烛、摆上一柱糍粑、一碗酒、一碗肉，供奉五方五位龙公龙母、龙娘龙爷、龙子龙孙。再于香米碗的前方再摆一碗肉，三碗酒，一个烧蜂蜡香的香碗。巴代雄手左手拿着一个响碗，右手拿一根竹筷，面对龙岩坐定，边敲响碗边吟诵神辞。

第四堂：扛服扛能（敬吃供喝）。

龙神受到奉请，从那大海大洋、名山大川、京城都市、官贵富翁家堂等处来到祭主家中，为了表示主家的虔诚与好客，当即便要马上敬吃供喝"扛服扛能"了。

龙神初来乍到，原先准备供奉龙神的牲猪要到第二天大请大迎龙神的时候才宰杀，因而这次酒席也很简单：五碗酒、五碗肉、五柱糍粑，这是供奉给五方五位龙神的。巴代当面的三碗酒、一碗肉、三柱糍粑是供奉给信士家祖、不村寨祖和巴代祖师的。供品基本上就是这些。

巴代左手摇蛊尤铃，右手拿骨卦，坐于龙屋前摇铃打卦吟诵神辞。

第五堂：安绒（安龙）。

在上面第四堂的科仪中，已经让五方五位龙公龙母，龙娘龙爷，龙子龙孙吃饱喝足了。酒食过后，就要给龙神安排住处，好让龙神安心歇息。

安龙仪式在龙屋的五方五位各摆一碗香米，各插上三炷线香、点一盏清油灯、一支蜡烛、一沓钱纸即可。

巴代用一碗蜂蜡香烟，按从东到西、从南到北，最后在中央逐方用诀并念神辞安龙。

第六堂：巴高绒（中请龙神）。

"巴高绒"实际上是中请龙神的仪式。在头天晚上的"盗龙"仪式中虽然也请过了龙神，但那是在夜深人静的时候悄悄地请，原则上为小请，不是大请。通过了小请龙神的仪式，或许龙神祇来了一部分，或许龙神全部都来了。不管来不来完全，都要"人请三回，神请三道"，头天晚上盗龙时小请一次，现在又中请一次，此堂仪式结束后又去水井边大请一次，如此三番奉请，足显苗家人好客敬重福神之心意。

此番迎请龙神仍在主家的堂屋中举行。要用一头猪、一块肉、一桌豆腐、一两百斤的糯米打糍粑、一只花鸡、青油、香纸蜡烛、白酒等做供品。要在堂屋中铺一新晒席，在晒席上铺三层新织的丝绸花布。在布上摆一纸扎的龙屋，屋内点青油灯。龙屋外按五方摆设，每方各有两捆新稻草把，草把上按方插五色龙旗。草把行内接连堆放两路糍粑，名曰龙街粑。五方有五个大粑，大粑上有用糍粑捏成龙形状一条，谓之"龙粑"。五方外各点青油灯一盏，蜡烛一对。五方五位插有五色纸五束，下有香米一碗，酒肉各一碗。龙屋前方陈设新绸缎花衣花裙、金银项圈、胸挂花串、指戒耳环等物。晒席前边沿地下有烧蜂糠香的香碗一个，再接摆巴代的竹枋、蚩尤铃、骨卦等物，巴代坐在前面，背朝大门敲竹枋、诵神辞。

此堂中请龙神在过去时代要从头至尾举行三次，第一次敲击竹枋为伴奏吟诵神辞，第二次边做手诀边吟诵神辞，第三次又转为敲击竹枋吟诵神辞，是一堂十分烦锁的仪式。

第七堂：袍酒包（敬入堂酒）。

龙神受到奉请，从那大海大洋、名山大川、京城都市、官贵富翁家堂等处来到祭主家中，为了显示主家的虔诚与好客，当即便要马上敬吃供喝"扛服扛能"了。

龙神初来乍到，原先准备供奉龙神的牲猪要到第二天大请大迎龙神的时候才宰杀，因而这次酒席也很简单：五碗酒、五碗肉、五柱糍粑，这是供奉给五方五位龙神的。巴代当面的三碗酒、一碗肉、三柱糍粑是供奉给信士家祖、不村寨祖和巴代祖师的。供品基本上就是这些。

巴代左手摇蚩尤铃，右手拿骨卦，坐于龙屋前摇铃打卦吟诵神辞。

第八堂：交生（交牲）。

交牲又可叫做交生，即是供牲还没打杀，尚为活物之意。交牲即交送供猪，把猪交送给龙神。

交牲仪式分为两大部分内容：1. 喂猪水。古代设教者出于人性化的考虑，认为此猪将死，在死之前，出于可怜，饲其饭食，以尽其善。更为重要的是，要向牲猪述明，此次丧命，是受户主之命，并非巴代所为，不要怪罪于巴代。2. 送猪。巴代首先烧钱纸奉献给祖师等神，好让其尽力尽责。然后清修道路，据说从凡间信士家中到龙神的本堂本殿共有三段路程要清修：第一段从阳间到鱼、肉神堂；第二段从鱼、肉神堂到家祖神堂；第三段从家祖神堂到龙神堂。要清修这三段路程中的孤魂孑孓、魑魅魍魉、邪魔夭鬼以及长刺大岩等阻碍物，否则难以将猪送到。

修好道路之后即可送猪，把猪交送到龙神堂之后返面回阳，才能由户主家的刀手将猪宰杀。

第九堂：留吾炯绒（水井大请龙神）。

前面说过，龙神是要三请的。第一次于头天晚上所进行的第三堂仪式"年绒"是小请，第二次是当天清早，即上面的第六堂仪式"巴高绒"是中请，第三次即本堂仪式"留吾炯绒"便是大请了。小请于夜深人静时，在龙岩前敲碗来请，中请于清早良旦时在设置好了的龙堂龙殿前敲竹析、用诀法来请，本堂的大请是在人们吃过了早饭，在全村全寨人都已得空时，组织青年男女穿着华贵盛装、敲锣打鼓、吹奏唢呐长号、打着龙旗、燃放鞭炮，要到村寨东边的井泉或河流边去请。回到家后，还要在屋内屋外对答吉祥话语，进门时还要抛糍粑、散糖果凑以热闹，其人数之多，场面之大，气氛之热烈让人欢喜踊跃。

水边接龙队伍由青年男女、巴代、端香盘（筛子）的香蜡师、打击乐的锣鼓师、吹奏长号及唢呐的乐队、燃放鞭炮的炮手等人组成。扮龙女龙郎的男女还要戴伞，巴代头师敲碗在前，二师手拿一束五色长钱纸随后，到水边后，边敲碗边诵接龙辞，二师不时往水里撒米迎合。最后燃放鞭炮，鼓乐齐凑回转主家。

第十堂：几排绒（接龙对答）。

到水边接龙的一行人，吹吹打打，摇摇摆摆地从水井边回到村寨之后，有意绕村子走一圈，然后回到主家门外。此时村察的三班老少都已聚齐，热闹非凡。

一行人于门外停住，燃放一阵鞭炮。巴代头师先进到屋里，站在门内中间，面朝门外，旁边站着一个酒师，手端大红木盘，盘内装着五碗酒和一碗肉。巴代二师带领一行人站在门外，旁边站着两个准备抛撒糍粑的人，身边各放一筐糍粑。

接龙对答神辞共分五段，分别为东、南、西、北、中五方五位龙神赐福的内容。每对答完一段话后，屋内外的巴代和有关人员都要相对作揖，迎进一个扮龙的人，喝酒吃肉后站到方位上去。同时奏起一阵鼓乐，放鞭炮，乐止后再进行下一段对答。最后一次，众人皆进，每人喝一口酒，吃一片肉。然后抛撒糍粑糖果，作乐鸣炮。

第十一堂：他数他那（解枷解锁）。

传统观念认为，人们之所以不健康、患疾病，是因为被一些鬼魅恶煞、魑魅魍魉所缠缚，在人们的身上捆了肉眼看不见而身体又有痛苦的枷锁。人的健康就是人生的一大幸福，而龙神本身又是一种福神，如今龙神进家了，并且又已经吃了"入堂酒"和收供猪。如今趁人们宰杀供猪、办供之际，正好求龙神给户主的祖先以及家人、族人解脱身上的枷锁，以求得身体健康、幸福的人生。

解枷脱锁虽然只是一种说法，但通过巴代神辞的内容及其做法可知，在人的意识上可看到"放下袍袱"而增强战胜病魔灾难的意志和决心。

解枷脱锁时，叫来信士家人站在龙堂前，巴代边念"解枷脱锁"的神辞，边用一束五色长钱纸从其人的头上扫下，在逐个扫过以后，将纸束烧化于门外边即可。

第十二堂：袍服袍能（送喝送吃）。

供猪通过交生送给龙神之后，交给刀手宰杀。修净切割，留下猪头、猪颈项、一支前腿、一支带尾的后腿肉，其余的可根据在场人数多少的情况，切肉下锅。煮熟之后，用碗装五碗摆在五方，各方加上一碗酒、一碗饭，此是供五方龙神的。装一盘或一盆摆在龙屋前，三碗酒、三碗饭，此是供在场诸神的。

五方用五个接龙的人坐定、三男两女。巴代坐于龙堂前，左右各坐肉师和酒师。巴代左手执骨卦，右手摇蛊尤铃，口诵神辞，给龙神敬喝供吃。

第十三堂：送麻盐（交余供）。

在上面第十二堂的仪式中，五方五位龙公龙母、龙娘龙爷、龙子龙孙已经肉饱酒醉，吃饱喝足了。但是，按照苗师"巴代雄"祭祀仪规，神灵吃过之后，巴代的祖师们还必须将其吃剩喝余的供品打包给神灵交送过去才行。传说如此做法，一来表示对神灵的尊重和恭敬、对信士的虔诚和礼仪，二来与苗族人民的勤俭节约、珍惜食物的优良传统直接相关。将吃剩喝余了的食品打包收藏起来，下顿还可再吃，而不是像现在的有些人一样的将食品倒掉。因而，这种将吃剩了的食品打包给神送去的做法，无疑是直接记录和刻画过去的时代背景和苗族人民的生活方式。

龙神吃剩了的食品包括供酒甜酒（酒豆酒江）、盘菜碗饭（达锐这列）、盘鱼碗肉（达缪这昂）、糍粑糯供（白糯白然）等。巴代在神辞中交待其祖师们将这些食品集中起来，打包在"送酒布"条（提仲提岭）内，送到龙神的龙堂龙殿（标绒标潮）里的肉堂酒铺（几得穷酒、吉秋穷列）中收藏起来，让龙神下顿再吃再喝。

第十四堂：忙叫安绒（夜晚安龙）。

到了半夜，主家办供人炒好肉，分装成六碗，五碗摆在五方五位，加上五碗酒、五碗香米，上插三炷香、一对蜡烛，香米边有一沓钱纸、一个钱纸筒（卷做一筒来表示龙神的金仓银库）、一柱糍粑、一个龙粑，这是供奉五方龙神的。一碗肉、三碗酒、三柱糍粑摆于巴代当面，是供奉祖师等东道主神的。另外，还要用一只大雄白鸡来安龙神。

巴代先请祖师，敬送酒肉，然后安龙。每安完一方，便可将龙堂中此方的"龙街"龙旗一应纸扎纸剪物及钱纸随方烧化，奠酒敬肉、撒米，并扯下几皮鸡毛烧于火中。四方安好之后，烧化龙屋，待火熄后，取一些纸灰摆到龙穴中打底，表示龙堂龙殿已在此中。然后摆上龙碗，将白天从接龙水井中舀回来的清水倒进碗中，并放些碎金碎银及朱砂于水内，然后再安中央龙。

安完龙后，再烧一些钱纸，送祖师等神回坛。整堂在主家所进行接龙仪式到此时才算结束。

第十五堂：开牢总（开牢井放邪师）。

在第二堂有"封牢总"即封邪师的仪式，意思是巴代在去主家主持接龙大典仪式之前，恐怕在仪式中遭到邪师邪教用邪诀邪法来进行破坏、捣乱、干扰甚至于阻碍祭祀活动，因而在去主家的半路上，于僻静的地方，挖一尺深的小土孔，用神咒和诀法将此小土孔化为"千丈深潭，万丈深井"，以此为牢来关押那些会用邪法闹事的邪师，俗称为"封牢井"。如今接龙大典顺畅结束，巴代已从主家回来，路经此处，便要打开原先封闭的牢井，放出邪师，让其自由活动。

开牢井在原先封牢井的地方举行。巴代需一瓶（壶）酒，一块熟肉，三炷香和一沓钱纸。先打开原先所填的泥土，取出原先所埋下的小纸团，与钱纸、香一起烧化，吹气送以酒肉即可。

第十六堂：巴代长纵（回坛敬师）。

巴代把主家主持完毕接龙大典仪式之后，拿得的一些酒肉、糍粑、香纸等物回到家里。一进家门，放下行头，第一件事便是在家中祖师坛上的香炉碗内燃蜂蜡糠香，在坛前地下烧钱纸，奉请祖师回坛，领受供奉，然后才能去做其他事情。

届时，将酒肉等供品摆到祖师坛前的供桌之上，巴代边烧钱纸，边念请师回坛的神辞，通呈保佑，最后敬酒敬肉，嘱咐祖师安位守坛。

注：也有将上面的第六堂敬入堂酒和第七堂的交牲安放在第九堂的中请龙神之后的做法，即在"把高绒"中请龙神进家之后即敬入堂酒（交牲酒）之后和第十堂交牲，然后在办供人杀供猪之时去水井边大请龙神，回来后便可上熟供了。这样做使杀猪和接龙两者互不耽误，不过需要的人员要多一些。

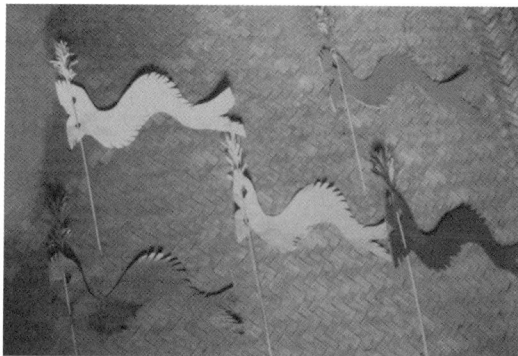

五方龙旗（石国福摄）

五方龙粑（石国福摄）

接龙仪式中的龙旗和龙粑（石国福摄）

接龙仪式的饰首和衣服（石国福摄）

龙屋（石国福摄）

客师接龙的祭坛设置（石国福摄）

十九、许"不青"敬日月车祖神愿^①

【名称】

许"不青"敬日月车祖神愿。

【别名】

"不青内"敬日车祖神，"不青忙"敬月车祖神。

【苗名】

候青。

【原因】

祭祀日月车祖神的原因大致有以下几点。

凡是得了大病，良医良药久治无效，求神敬祖都不见好转的，过去人都有许此神愿之做法。过去曾有敬此堂神为世间所有一切鬼神之最后神了，意思为除此神后再也没有其他神可敬了。还有，若久婚未孕者也可许此神愿求子，认为此神还有赐送贵子之功能。

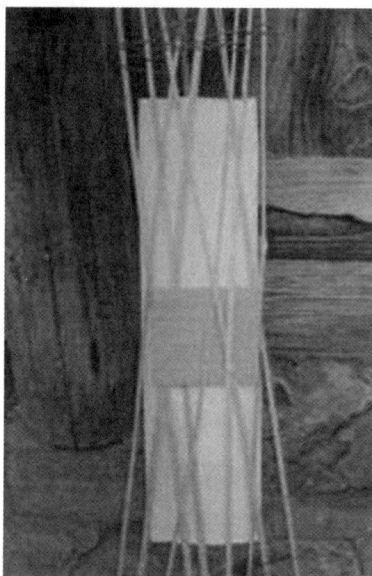

不青神愿标志一

传统观念认为，祭主家里的某人之所以染上久治不愈的疾病或者家中频繁出现各种反常现象的凶兆怪异等情况，是因为其家先人（祖太或祖父或父辈）过去曾与他人发生某种纠纷，道理辩不清，理郎断不明（古时苗族不受王法没有官府，故民间纠纷多请理郎调解）而与对方凭神赌下毒咒、发过毒誓吃血（猫血或鸡血），本方理亏而殃祸及本代人眷所至。敬日、月车祖神的目的主要有三。

其一，在先人吃血赌誓之时，所请来为凭作证、受理监督的神灵主要有日月山川、岳渎湖海等。在这神灵中以日月为大，并且无时无刻都在监督知晓人间的一举一动、一言一行。如今要消灾解难，消疾退病，必须要请日月等神前来受领供奉，为户主隔去先人往昔所赌发誓过的毒咒，洗去先人往日所吃过的赌血，唯有如此，才能从根本上拔除疾病灾难的侵扰，达到清吉平安之目的。

其二，天地之间唯有日、月光辉最强最大，人间的邪魔妖鬼、魑魅魍魉、凶神恶煞等这些躲在阴暗角落里专门从事祸害、捣乱、卑劣、低贱的鬼魅是见不得光的，敬奉日、月神之目的也就是企图借助日月之光芒来驱散鬼魅，达到康复平安、清泰吉利之目的。

其三，车有运载移走的功能。在敬奉日、月车祖神的祭仪中有一堂专门喊怪异的法事，意思是把户主家中所有的怪异凶兆、鬼魅恶煞都喊来集中，请上日、月树，上到日、月车，运载背走丢弃于日穴月洞、天崖海角（苗语谓之"哭内哭那"或"竹豆康内"）里面去，永不回头，如此才能使家中的灾难疾病断根。

【愿标】

愿标有两种，即日车神与月车神。若许日车神愿（青内）则用篾条9块制扎，若许月车神愿（青忙）则用篾条7块扎制。破好篾条后将其交叉编扎后，用薄篾条编扎头尾，然后铺上一张长方形白纸，中间加上钱纸一张，再用一块篾片扣住即可。

【场地】

在屋檐下面。

【神名】

（一）日车祖神（青内）。

大桌的日车祖神的名号称为："拔竹岭豆几内，浓竹林且吉虐。"

意为："最古的白天女车祖，最老的白日男车神。"

小桌的日车祖神的名号称为："内棍青，骂棍留。内和和，骂格格。纠舍斗妻郎苟，弄力郎绒。偷楼归容，松梅千曹。"

意为："娘车祖，爷车神。娘忙忙，爷急急。九层赶鬼走山，消灾走岭。赶鬼归穴，消灾归洞。"

（二）月车祖神（青忙）。

大桌的月车祖神的名号称为："拔竹岭豆几内，浓竹林且吉虐。"

意为："最古的晚上女车祖，最老的夜里男车神。"

小桌的月车祖神的名号称为："内棍青，骂棍留。内和和，骂格格。炯舍斗妻郎苟，弄力郎绒。偷楼归容，松梅千曹。"

意为："娘车祖，爷车神。娘忙忙，爷急急。七层赶鬼走山，消灾走岭。赶鬼归穴，消灾归洞。"

（三）求子车祖神②（莎德莎嘎）。

若加求子的车祖神名号为："扛浓扛帕，扛德扛嘎，扛德郎剖，扛嘎郎也。"

意为："送儿送女，送子送孙，送子娘娘，送孙婆婆。"

【出处】

出兵出在神名后加"酷内浪补萨够斗标，酷那浪洞萨肥柔纵"。即太阳洞府千年本堂，月亮洞穴万年本殿。

【方法】

将愿标制作完成之后，摆在大门边，巴代烧好蜂蜡糠香，请师并用筶子问事后，交愿标送神，然后将愿标摆在屋檐翘首木上即可。

【还愿概况】

敬日、月车祖神要在屋檐下的阶檐坪设置坛场，分为主坛和副坛两种。主坛日车神9呈9献、月车神7呈7献，副坛都是5呈5献（包括酒、肉、粑三种）。其香米利什、长钱纸束皆要，并有大长钱纸分内外两束，一根长竹杆绞草索挂五色纸架于阶檐瓦上，叫做"车柱"（苗语叫"图青"）。供品用羊子（日车）、牛头（月车）、肉5斤、粑粑14柱，还有隔血咒"他穷"大粑5柱、大片肉5片。

具体仪式程序共有十堂三十节法事，这十堂法事包括：

一、封纸束收祚（封头青）；二、启建请神（把高青）；三、隔诅咒（他内）；四、敬入堂酒（能梅斩）；五、交送入堂酒（走梅斩）；六、交牲（交书）；七、驱鬼怪（奈格青）；八、隔血咒（他穷）；九、敬上熟酒肉（袍酒先）；十、送神（送棍）。下面，对这十堂法事逐一简述。

（一）封纸束收祚（封头青）。

敬日、月车祖神除了竖立在屋檐前的三杆五色纸花车柱，还有两束长钱纸，其中纸尾没有剪叉的纸束插在堂屋中，这束纸是用来收藏户主家里的长命富贵、钱财产业不致外泄，使之有增无减的。另外一束纸尾剪叉的长钱纸插在门外坪场中，是用来隔除户主家里的灾难祸害、邪魔妖鬼的，故在法语（宗教术语）上称为"封纸束收祚"。

（二）启建请神（把高青）。

在启建请神法事中，巴代用神辞述说了户主家敬神的原因、日子、各项筹备工作、请巴代、请祖师、驱鬼、护场、然后上到天宫请日月祖神降临主家受领供奉等内容。

（三）隔诅咒（他内）。

在隔诅咒法事中，巴代用剪、长刀、神咒、诀法等来隔除消掉户主家里的先人们在此之前因为一些纠纷而与他人所赌的毒咒，使之不再殃及户主全家人。

（四）敬入堂酒（能梅斩）。

敬入堂酒指日、月车祖神从天宫降凡间来到祭祀堂中之后，为了表示虔诚的欢迎和恭敬，马上供上酒食，这和客人一进家门便要先倒茶水敬送一样。因为此时供牲尚未斩杀，其肉尚未得食，权且只有用事先准备好的肉来下酒，故敬入堂酒又名敬干酒。

不青神愿标志二

（五）交送入堂酒（走梅斩）。

神灵吃过入堂酒之后，唯恐剩余，巴代还要将这些剩余的供品打包去交送到神灵的天宫堂殿中去。这样做一来对神灵表示尊重，二来也杜绝了神灵认为他们还有供品遗留在人间，以致日后产生欲再食用之念头。

（六）交牲（交书）。

吃过入堂酒并将这些吃剩的酒食送走之后，接下来便要将供牲羊、黄牛、牛头交到神灵手中，然后才能宰杀或切割。

（七）驱鬼怪（奈格青）。

在厨官刀手们处理供牲或处理牛头的时候，巴代便要以两束长钱纸提以及长刀、蜡香等为道器，站在门外坪场中用神辞咒语将原先侵入户主家中的凶兆怪异、妖魔鬼怪、魑魅魍魉、灾难祸害等统统喊出来，遣其上三杆五花车柱树，让日月车祖神将其带走，使之不再为害主家。

（八）隔血咒（他穷）。

隔血咒指恐怕主家的先人因为某些纠纷而与他人吃鸡血或猫血发毒誓恶咒，恐其理亏而殃及当代儿孙，这次乘主家敬奉日、月祖神之时，虔诚求请神灵将原来的毒誓恶咒消掉，起到不能祸害灾难主家的作用，从而求得清吉平安。

（九）敬上熟酒肉（能梅兄）。

隔了血咒之后，厨官刀手们已将供牲处理好了并下锅煮熟，这时便要向神灵上供熟食了，这敬供熟食的术语称为"上熟"，又叫"献熟供"。

上熟时，要将供牲的五脏六腑分别煮熟切好，再分别摆放在大桌的九柱或七柱粑上和小桌的五柱粑上，每柱粑上的五花肉都不能少其种类。

（十）送神（送棍）。

吃过上熟之后，神灵酒醉饭饱。该隔除的已经隔除了，该遣送的已经遣送了，该保佑的已经保佑了，该做的事情都已做完了，这时便可送神回府了。

注：①不青——又可叫做不庆，是为敬车祖神的意思。不青有两种祭法，分别叫做青内和青忙，其中青内是白天祭的，意为日车祖，青忙是夜晚敬的，意为月车祖。苗家把圆形又动的物体称为禾青，其意译为车。因为太阳和月亮（日月）是圆形而又不断移动的，所以又把太阳称为青内（日车），把月亮称为青忙（月车）。

不青祭祀为祭车祖神，其祭祀的原因传说为祭主家里之所以染上久治不愈的顽疾或有凶兆怪异的反常现象等，是因为其家先祖过去曾经与他人发生某种争议纠纷而与他人吃血（猫血或鸡血）赌毒咒而殃及本家本代所至。不青的主要内容是隔毒咒、洗赌血、咒仇人冤家。因为其先祖与他人赌咒吃血之时请的是日月山川来作证鉴赌的，所以在今天要隔洗咒血也必须要请日月山川来敬奉之后请其把这些赌咒毒血隔洗干净并给背走（送日月这车祖背走苗语谓之不青）丢弃于日穴月洞（苗语谓之哭内哭那或竹豆康内）里面去，如此才能使家中的灾难断根。因此，这敬车祖神苗语才叫做不青。

②此段神名是加在上述第（一）小段之神名后面的。

不青主坛（石开林摄）

不青副坛（石开林摄）

不青日月柱（石开林摄）

副坛上的供品（石开林摄）

二十、许隔血咒愿

【名称】

许隔血咒愿。

【别名】

解毒咒、洗咒。

【苗名】

他古他穷。

【原因】

凡是有人呕血不止药治无效，还有多次呕血反复不断者，过去认为是其家先人与他人吃血赌咒后，理亏有伤而致后人吐血，于是许此神愿以求洗脱前人所赌之咒，求得病好。先许此愿，待止血获命之后，再举行仪式解洗毒咒。

【愿标】

拿一个盆子，内摆一把剪刀和一把梳子。在水盆口交叉放两块篾片，篾片前端分别夹上长条纸束，盆子摆在凳子上，下面再摆三张钱纸即可。

血咒神愿标志

【场地】

大门外坪场一角。

【神名】

补产葵忙他古，补吧录忙他穷。葵忙他嘎，录忙他猫。他古他穷，他穷他图、他嘎他猫、他木他热。

意为：三千祖师隔咒，三百宗师隔血。祖师隔鸡血，宗师隔猫血，隔血隔咒，隔咒隔咀，隔鸡隔猫，隔咀隔咒。

【出处】

充照打便浪得，然照打绒浪秋。

意为：请从上天祖堂，上方祖殿。

【方法】

将愿标做成之后，焚香三炷，烧纸请师，喊病人来到盆边，用梳子从其头上梳下，再用剪刀从其身后剪下，边梳剪边说："补产葵忙他古，补吧录忙他穷。葵忙他嘎，录忙他猫。他古他穷，他穷他图，他嘎他猫，他木他热。加猛加豆，加古加穷，几瓜苟扛纵闹纵叫，吉热苟扛纵豆纵斗。内列拢共拢两，拢洗拢笑。"

意为：三千祖师隔咒，三百宗师隔血。祖师隔鸡血，宗师隔猫血。隔血隔咒，隔咒隔诅，隔鸡隔猫，隔咀隔咒。恶病顽疾，恶血凶咒，要隔过身过体，要隔过手过脚。户主要来酬敬，主人要来谢恩。

【还愿概况】

还愿用猪或羊，加上一只鸭子。要病人跨长刀、过火海、梳血咒、剪丝麻，用鸭子拖起纸船送去口水，打破水盆、折断梳子、丢弃剪刀、放走鸭子，送神了愿。

隔血咒摆设（石开林摄）

隔血咒的供品（石开林摄）

隔血咒的粑粑（石开林摄）

二十一、许竹桥愿

【名称】

许竹桥愿。

【别名】

架天桥、架子孙桥、接子桥。

【苗名】

嘎桥陇。

【原因】

过去夫妇久婚不孕，通过算
卜，命局中子孙星为木者，木星

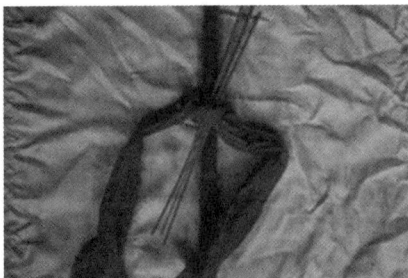

竹桥神愿标志

不显，子孙星宫落入空亡者，许此神愿可得贵子。

【愿标】

去户主住宅的东方砍一根竹子，长八尺八寸，套上红绸带，再加上三根
香即可。

【场地】

将愿标横架于堂屋后壁上方。

【神名】

奉请高上九天玄女，地下白鹤仙人。七仙姊妹，送子娘娘。保男郎子，

保儿郎君，送儿郎子，送子郎君。拿愿郎子，收愿郎君。

【出处】

出兵出在何州，要来请到何州，出马出在何县，要来请到何县。要来请到十重云头，九霄云雾。洛阳桥头，洛阳桥尾。送儿堂中，贵子堂内。千年本堂，万年本殿。有车上车，有马上马。大兵请上八抬八轿，小兵请上高头大马。风快请来跟风，雨快请来跟雨，山快请来跟山，水快请来跟水。铺去阴阳二桥，请下凡间之中，某某大寨，土地祠下。人请千家开门莫过，神请万户开户莫行，请到信士户主某某某，三衙门口，四脚门外，屋檐童子，滴水阶前，大门之中，小门之内。堂屋之中，中堂里内。

【方法】

将愿标做成以后，在堂屋中摆一张桌子，摆上利什香米，焚香烧纸，将此愿标熏在香烟上请神打筶，问看何时可得贵子，然后将愿标置于后壁上方，还愿时，破此竹加用新竹编桥架于天楼之上。

【还愿概况】

到了所定之期，若真的先于数月前身感有孕，便要架桥接子。要其娘家送来竹子连同愿标编扎竹桥。用粑五柱，刀头酒礼，公鸡一只，举行架桥接子仪式，并将新竹编扎之桥由大门上方架于天楼之上，直抵堂屋后壁上方。

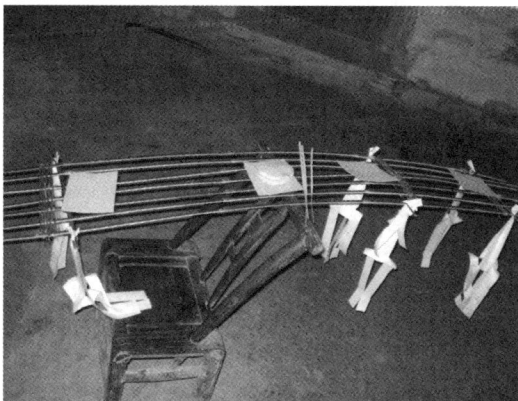

竹桥的编织（石国慧摄）

架竹桥的供品（石国慧摄）

架竹桥的摆设（石国慧摄）

二十二、许架木桥愿

【名称】

许架木桥接子愿。

【别名】

架地桥、接子桥、求子桥。

【苗名】

嘎桥图。

【原因】

夫妇久婚不孕，通过算卜，命局中子孙星为木者，木星不显，子孙星宫落入空亡者，许此神愿可得贵子。

木桥神愿标志

【愿标】

用一红布条系在一根果木上，并加入三根香和一张钱纸。

【场地】

大门外边。

【神名】

奉请东方桥上仙人，南方桥下父母。西方桥上仙人，北方桥下父母。中央桥上仙人，五方堂殿桥下父母。拿愿郎子，收愿郎君。

【出处】

出兵出在何州，要来请到何州，出马出在何县，要来请到何县。要来请到报木二州，柳木三县。送儿堂中，送子堂内。千年本堂，万年本殿。有车上车，有马上马。大兵请上八抬八轿，小兵请上高头大马。风快请来跟风，雨快请来跟雨，山快请来跟山，水快请来跟水。铺去阴阳二桥，请下凡间之中，某某大寨，土地祠下。人请千家开门莫过，神请万户开户莫行，请到信士户主某某某，三衙门口，四脚门外，屋檐童子，滴水阶前，大门之边，小门之外。坪场之中，坪宽之地。

【方法】

将愿标摆在门外，烧纸请神，将愿标过香烟熏过之后，打筶问看何年何月得子，送神后将愿标架于大门上装翘首木上即可。

【还愿概况】

许木桥愿有两种还愿方式。其一,去东方或东南方的路途中看哪里有过水的路段,可在此路上架设木桥。架桥时,要妇人娘家兄弟(即户主的内兄或内弟)找来三种果子树的木条,长约1米,并用红绸带子捆好抬到架桥的路段,主家自找4根(含愿标初1根在内),一共7根,象征着七子团圆之数,到时根据路段之水大小而定桥之长短,长者可达3.8尺,短者可至1.8尺。其二,富裕的人家可在去往娘家的路途中,选一适合村寨及过路人经常歇脚的地方修一座供人歇脚休息的亭子,俗称"得标桥",广积阴德,荫福子孙。不管是哪一种桥,都要多备粑粑,所碰之人,都要散粑。还有刀头酒礼、衣服布料、雄鸡供品送给师傅以表谢恩。

桥架成后,人们会远远地躲在一边观看第一个路过踩桥的是什么人。若是女人先来踩桥,则认为是送子娘娘来了,访查此女人的儿孙如何,若其娘家婆家都好则大喜,若为穷孤之女则有失落伤感,心内不快。若是第一个前来踩桥的人为男人,则认为是大吉之兆,定得贵子男儿。此时主人大为高兴,欣喜之余,往往还会上前去留住此人,送些粑粑,请其饮酒吃肉,有的甚至还邀其至家,备礼相送。

架木桥(石国慧摄)

架木桥的土地屋(石国慧摄)

架木桥的摆设(石国慧摄)

二十三、许西北桥愿

【名称】

许西北桥愿。

【别名】

取吓愿、打吓愿。

【苗名】

抱西桥、休小钱。

【原因】

凡是小孩患有痢疾，消化不良，吃什么拉什么，如我们平常

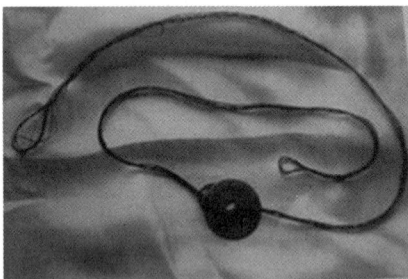

西北桥愿标志

所说的"疳积"走胎等症状，经过良医良药，久治仍不见效者，便许此愿，以求小孩早日康复。

【愿标】

用7根黑色丝线穿在一个小铜钱眼上。

【场地】

将由7根黑色丝线所穿的小铜钱挂在患病小孩的脖子上。

【神名】

奉请东方床头父母，南方床尾父母。西方床头父母，北方床尾父母。中央床头父母，水盆架桥父母。东方桥上白头公，南方桥上白头婆，第三金库银斋，拿愿郎子，收愿郎君。

【出处】

出兵出在何州，要来请到何州，出马出在何县，要来请到何县。要来请到报木二州，柳木二县。管男二州，管女二县。千年本堂，万年本殿。有车上车，有马上马。大兵请上八抬八轿，小兵请上高头大马。风快请来跟风，雨快请来跟雨，山快请来跟山，水快请来跟水。铺去阴阳二桥，请下凡间之中，某某大寨，土地祠下。人请千家开门莫过，神请万户开户莫行，请到信士户主某某某，三衙门口，四脚门外，屋檐童子，滴水阶前，大门之中，小门之内。某地某处(具体地点)。

【方法】

将此愿标系好挂在小孩脖子上，待其病好后，解下来用在还愿祭祀的追魂仪式中。

【还愿概况】

用一个水盆装一些水摆在堂屋中，上面摆一把筛子，粑粑五柱，每柱粑上放炒熟的肉一片，一碗肉，三碗酒。再用篾条扎成约四指宽，3 尺长的小桥穿插在筛子边上，让桥架在筛子上即可。再用一根 3 尺长的竹子，破其一头，用软薄篾片编扎成一个漏斗形状的篓子，苗语叫做"窝苦"，上摆粑粑一柱，粑柱上放炒熟的肉一片，漏斗篓子下夹长钱纸一束，另用一个凳子摆在筛子边捆绑此竹杆。在水盆筛子前面再放一面筛子，解下原先小孩所挂的丝线小钱，再加上 6 个小钱穿在丝线上，加上一把剪刀放在筛子里，三沓钱纸一起摆放即可。

巴代坐在筛子前方摇师刀吟诵神辞请神。通呈保佑之后即献供敬神，吃过供品之后，户主要披上背小孩的小棉被裙，苗语叫做"大崩"，与巴代各拿住穿有 7 个小铜钱的丝线，一人一边顺时针方向绕坛三圈追魂，通过有关对答词后又要逆时针方向转三圈退魂，最后于前面的筛子上方站定后，

由巴代发问："追得良魂转回堂，你是要阴或要阳?"

户主则要答："我要三阴对四阳，不要命短要命长。"

问答过后巴代即用剪刀剪断丝线，让小铜钱落入筛中，看此 7 枚小铜钱是否真的是 3 个背面 4 个正面，若真如此，则说明小孩从此脱灾脱难了；若不如此，则要由巴代将小钱捡起来重新再放(抛)入筛中，并问话语不断地祈祷，直至得此 3 个背面 4 个正面的卦象为止，这是追魂放魂的场景。

放魂过后，接着钩愿赏兵送神，这漏斗竹和小桥要拿到三岔路口丢弃，这 7 根丝线由巴代拿去缠在师刀把上，我们平时所看到巴代所拿的师刀把上所缠的青黑丝线都是把别家敬西北桥时用过的丝线。

这堂仪式的实质既是追魂，又是去吓。

二十四、许治耳聋愿

【名称】

许治耳聋愿。

【别名】

包米愿。

【苗名】

几关得包潮。

【原因】

凡在不知不觉中耳朵听力失灵，听不到声音，经过长时间的极力医治仍没效果者，在传统时代，人们许此神愿祈以求恢复听力。

【愿标】

将少许白米包在一块青布内，用线扎好包牢，拿来挂在板壁或二柱的钉子上即可。

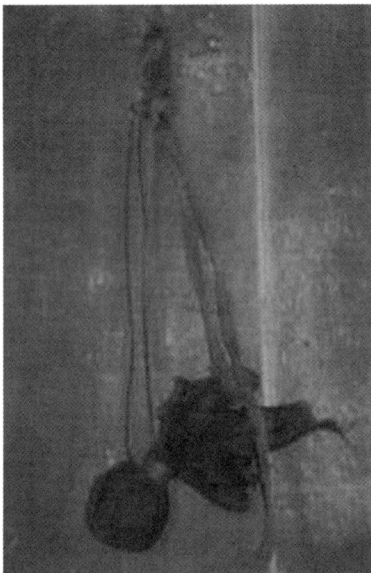

耳聋愿标志

【场地】

在二柱的钉子上挂此米包。

【神名】

苗语："然鸟剖力剖油，剖油剖力，炯谷阿那，乙谷欧苟。"

意为：奉请九黎蚩尤，祖尤祖黎，七十一兄，八十二弟。

【出处】

苗语："照休得吾豆斗，邦绒猛潮，猛苟猛绒，猛板猛泡。"

意为：请到水边陆地，龙堂凤地，大山大岭，大坪大地。

【方法】

先将米包对耳刮下，然后说："让我听到各种声音，一定酹敬谢恩！"然后将此米包挂在二柱的钉子上。

【还愿概况】

待到耳朵听力恢复之后，即要还愿，还此神愿实际上就是吃猪祭祀蚩尤老祖，具体可参阅本册第十五节之吃猪概况，到时将此米包取下合米煮饭供奉祖神。

二十五、许药神愿

【名称】
许敬药神愿。

【别名】
敬山药。

【苗名】
夏加汝、候棍嘎。

【原因】
凡是因为在受大风寒、遭大惊吓而导致浑身冷热极度、反复发作、上呕下泻、见鬼见神、幻觉无常、胡言乱语，甚至休克、几乎丧命、药治无效、良医无法的情况下，过去人们多许此愿以求保病愈康复的。

【愿标】
将一根苞谷秆剥去杂皮，用两块篾片在其中上部位穿一个十字

药神愿标志

架，破开篾片头子，分别夹上长条纸束，然后在杆顶端插上一块篾片，破开口子并夹上一张折成漏斗形状的白纸，漏斗口朝天，尖角朝地。再用白线缠住所挂长条纸的各个篾片头子就行了。

【场地】
将愿标插在门外坪场的一角。

【神名】
奉请云雄大王，马雄大将，铜麻沙郎，铁麻沙将。五面药公药母，五面药子药孙。

奉请第一马扎，第二马口，马扎马筋，马牙马口，马肠马肚。拿愿郎子，收愿郎君。

出兵出在何州，要来请到何州，出马出在何县，要来请到何县。要来请到千个高坡陡岭，万个高岩陡洞。七面山头，八面山尾。千年本堂，万年本殿。有车上车，有马上马。大兵请上八抬八轿，小兵请上高头大马。风快请来跟风，雨快请来跟雨，山快请来跟山，水快请来跟水。铺去阴阳二桥，请下凡间之中，某某大寨，土地祠下。人请千家开门莫过，神请万户开户莫行，请到信士户主某某某，三衙门口，四脚门外，屋檐童子，滴水阶前，大门之中，小门之内。某地某处(具体地点)。

【方法】

制作成愿标之后，点上三根香，插在苞谷秆上，拿去从病人的头上扫下，边扫边讲："放魂放命，化消化散。大愿撑开马牙，良愿撑开马口。放魂放归床头，放命放到床尾。有肉相求，有酒相醉。"然后将愿标插在门外坪场边即可。

【还愿概况】

还愿时，用狗1只，肉5斤，于门外插愿标处设坛。用筛子1把，粑粑5柱，每柱粑上各放一片炒熟了的肉。将一块生的刀头肉挂于愿标上或另插一根木棒挂肉。地面上摆5小堆生粑、3碗酒，请神到后通呈保佑，敬交牲酒，交牲，杀狗后留5截生肠子摆在生粑上。敬熟供时，户主办供人吃狗肉，巴代不吃，只吃猪肉。放魂定阴阳后送神。

二十六、许椎猪愿

【名称】

许椎猪愿。

【别名】

许大神愿。

【苗名】

候蒙爬。

【原因】

许椎猪愿的原因大致有以下几点。

1. 因病而许。比如胸闷、心痛、呼吸不畅、四肢无力、不思饮食，但又说不出是哪里病痛、痨病、咳嗽不止等，久治不愈，良药无效、拖久拖长半年以上的，越治越病的疾病。

2. 因家中出现怪异凶兆而许。凡是在家宅内发生的怪异现象，如米桶内长菌子、老鼠纺车、母猪吃崽、母鸡啼鸣、累见幻影、不时怪响怪叫、天滴血等反常现象之类的凶兆时，可许此愿。

3. 因不干净的人或事在家中发生而许。比如未满月的妇人进到家内、未满月的幼婴的衣物被带到家内、外姓男女在家中同房等。

4. 家中在进行重大的祭祀活动之前要先吃猪敬祖。过去苗乡曾有"有理无理，家先先起"的说法，比

椎猪愿标志

如其家在敬傩神或者椎牛之前，必须先要吃猪敬家先，意为预先通知家祖们前来作本家的东道主神来敬奉傩神或大祖神，这些仪式才能圆满，才能达到目的，否则是做不到的。

5. 在本地苗区内，只有施、时姓氏的苗民才许此愿，这是施姓、时姓苗民最高级别的祭祀了，相当于其余各姓的椎牛(施姓人不椎牛只椎猪)。

【愿标】

用小竹子三截，破开一头成5片，然后用薄软篾片从中编织，与丫扒形象大致相似，只是没有弯钩部分，它是直的。

【场地】

愿标制成后，插在元柱上的缝隙里。

【神名】

苗语："拔补追豆，浓补追内。"

意为：最远的女，最古的男。

【出处】

苗语："竹豆康内。"

意为：最远古的地方。

【方法】

将愿标制作好了之后，将其插在元柱上的缝隙里。

【还愿概况】

还愿要到十月或冬腊月下厚霜之时段，在他姓椎牛祀毕之后才能椎猪。到时报知舅姑姻亲朋友眷属前来抬腿或来庆贺。神坛设在地楼板上，不摇铜铃，诵咒声小，神座上摆有酒、肉碗、石磨、鼎罐、木盘、甑子等物。上方悬有猪牛肉串。神辞系凤凰土语语系，并多为古苗语。第一天铺坛敬奉雷神家祖、谷米祖神。第二天早餐后，巴代一人立于门外，身背竹篓，背篓内装些衣裙鞋袜。巴代手执木杖，讲述椎猪古老话。另一个巴代身披花被，右手执长刀一把，站于桌上，左手执楠木枝叶一把，代替祭祀纸剪之类，苗语称为"图头爬"，用以庆神。

捆猪的花柱有两根，立在门外坪场中。花猪系于柱下，待巴代与舅爷绕柱三圈，互相作揖敬礼之后，由舅爷用木棍椎猪。猪倒地后，将五脏六腑取出下锅煮熟祭神，而猪身割下四肢，除腿送给舅爷抬走，其余则分割成块，分送各路贺客。

该仪式共有 13 堂，分别是：

1. 敬雷神。

2. 敬栏门酒。

3. 敬神入堂饭。

4. 敬早酒食。

5. 敬家祖。

6. 讲述椎猪根源。

7. 敬谷粟神。

8. 门外交牲。

9. 敬夜酒食。

10. 上熟供。

11. 取福水。

12. 交死猪。

13. 交猪头求财。

椎猪场外围的舅爷队伍(周建华摄)

巴代在给舅爷示范打猪椎猪后,由舅爷四人上场椎猪(周建华摄)

破猪头求财的祭祀场景（周建华摄）

祭祀完毕后人们围着火炉共享糍粑（周建华摄）

第二篇

巴代查病书

一、月内三十日得病的看法

1. 每月初一得病者，为"蒙竹"大门日，主考家外鬼。有犯天会功德神愿不明，急宜祭祀，须燃天蜡敬诸天以保。到初二日宜退不宜加，若加主凶，板木为"门"形状。

（又）：身立，男轻女重，四体潮热，是在外来撞遇南方庙神坛神，亥卯未日退吉。

（再）此日病者，主头痛寒热心火沉重，日轻夜重，山神土地、瘟司白虎、游师五道为祸，原许愿信不明，香火不安，主六七日退，若加重则留连拖延。

2. 每月初二得病者，为"蒙兵"中堂日，主考家内神。外出撞遇五道神王及西方庙神，牵连天王、伤亡鬼、罗孔大王抢魂，一五七日退，宜求福追魂，板木为"山"形状。

（又）：身斜，男轻女重，皆入气端寒热，不思饮食，西方失魂，向南方设祭求福，三六九日退吉。

（再）此日病者，主寒热呕吐，四肢无力不安，主土地庙神、咒诅五道，游司枉死先亡有愿不明，福神不安，不思茶饭，主二六九日退。

3. 每月初三得病者，为"补竹纵"后壁日，主考家内神。在路途遇见封山土地司主伤亡等鬼，四六十日退，板木为"口"形状。

（又）：身斜，心肠膨胀，四肢沉重，撞着冷坛神为祸，司命不安，向北方设祭，巳寅卯日退吉。

（再）此日病者，主背痛头悬，呕吐眼花。路边伤亡，龙神丧车，白虎吊颈鬼为祸，五六日可退也。

4. 每月初四得病者，为"便竹纵"后壁上日，主考家外鬼。主灶神不安，净愿不明，三六九日退，宜谢灶许斋神愿求保，板木为"山"形状。

（又）：身立，男轻女重，呕泻，撞着西方坛神白虎车神，向南设祭，三六九日退，若加重则主凶。

（再）此日病者，肚腹膨胀，不思茶饭，周身发热，家神不安。是土地庙神、枉死先亡，冷坛游司、三牲白虎信愿不明，一五七日退吉加凶。

5. 每月初五得病者，月忌日，为"吉洞"天门日，主考家内神。撞着东方坛神，勾连洞主龙神为祸，宜祭送方保平安，二四八日退，板木为"囚"形状。

（又）：身立，男轻女重，心操气急，四肢沉重，潮热头痛，天符坛神，辰巳日退吉，若加重则难好。

（再）此日病者，手足疼痛，家神不安，信愿不明，土地庙神，饿鬼临门，主三六九日退吉稻，禳解可保平安吉利。

6. 每月初六得病者，为"蒙竹便"大门上方日，主考家外鬼。月忌日，撞着东方大王回车，并及连亲伤亡为祸，家堂香火（家先）不安，可宜设送，一五七日退，板木为"口"形状。

（又）：身立，四肢无疼，口渴，有犯司命不安，四肢飘摇，寅卯日退吉，若加重则要小心，有愿未还。

（再）此日病者，心痛发热，体虚眼花，香火不安，庙神五道、瘟司伤亡为祸，三六九日退，若加重则主沉重。

7. 每月初七得病者，为"蒙竹"大门日，主考家外鬼。连亲伤亡为祸，用稀饭遣送，四六十日可退，板木为"山"形状。

（又）：身倒，男女皆重，口渴心烦，庙神坛神土地不安，向北方设祭，卯未日可退，若加重则凶。

（再）此日病者，四肢不力，香火勾引坛神土地、庙神龙神、冤家咒诅吊颈难产伤为祸，三六九日如不退可禳解大吉。

8. 每月初八得病者，为"蒙兵"中堂日，主考家内神。撞遇五方庙神，有犯四山王郎，引入桥梁土地抢魂，宜速追魂大吉，十二日退，板木为"山"形状。

（又）：身倒皮寒体热气急，不思饮食，落水伤亡为祸，可向北方设祭，巳酉丑日退吉，若加重则凶。

（再）此日病者，寒冷交加，香火不安，西方土地庙神、咒诅游神、古墓血光为祸，三七日退，若加重则主沉重。

9. 每月初九得病者，为"补竹纵"后壁日，主考家内神。天王有愿不明，犯有口舌诅咒，西方冷坛为祸，宜祭送，二四八日退吉加凶，板木为"囚"形状。

（又）：身覆，心烦腰痛，家内司命不安，撞遇白虎丧车，可向南方设祭，申戌日退，若加重则要小心。

（再）此日病者，四肢疼痛，浑身发热，沉重不醒，路途得病，冲犯家神，土地勾引四山野鬼作祟，二四日可好。

10. 每月初十得病者，为"便竹纵"后壁上日，主考家外鬼。病情沉重，九死一生，板木四块，家先引进外鬼为祸，宜用钱三百六十文，烧送解之可保，板木为"口"形状。

（又）：身立，男轻女重，肚痛泻呕，坛神伤亡鬼白虎为祸，可向北方设祭，一五七日退，若加重则主破财，速祭大神可保。

（再）此日病者，头痛，浑身不适，主枉死鬼、庙神作祟，并有信愿不明等事，六七日可好，若加重则拖延难愈。

11.每月十一得病者，为"吉洞"天门日，主考家内神。是四方坛神土地，冤家诅咒为祸，日轻夜重，宜推送吉，四六十日可好，板木为"亡"形状。

（又）：身立，男轻女重，心烦气急，腰痛肚胀，手足寒热，有犯家先净愿庙神，辰巳日退，若加重则会拖延。

（再）此日病者，浑身沉重，上寒下热，主家神勾引宅外邪神，有二十四位黑毛天甲将军、梅山神为祸，用黄纸五张西南方四十步送之，一五七日退。

12.每月十二得病者，为"蒙竹便"大门上方日，主考家外鬼。净愿不明，家先不安，五道庙神雷神土地求祭，一五七日退吉加凶，板木为"山"形状。

（又）：身倒，四体不安，口渴心呕，有犯司命灶神未还，申日退吉，若加重主凶。

（再）此日病者，内脏不安四肢不力，主信愿酬还不明，山鬼游神为害，三六九日退吉加延。

13.每月十三得病者，为"蒙竹"大门日，主考家外鬼。冲犯东方土地求祭，一五七日退吉加凶，板木为"囚"形状。

（又）：身立，男女沉重，天符邪神古墓为祸，可向南方设祭，巳未亥日退吉，若加重则要小心。

（再）此日病者，肚腹疼痛，寒热交加，先年有愿未还，冷坛庙神为祟，一四七日退。

14.每月十四得病者，为"蒙兵"中堂日，主考家内神。月忌日，有犯司命并及庙神伤亡等众，祭之三六九日退吉加凶，板木为"门"形状。

（又）：身覆，气急，四肢疼痛，不思饮食，外祖家先净神客亡为祸，亥卯未日退，求福可保

（再）此日病者，肾腰作痛，本宅土地伤亡咒诅冷坛野鬼为祸，一五七日退，若酬遣送游司五道。

15.每月十五得病者，为"补竹纵"后壁日，主考家内神。外鬼来往入宅，山林洞主，有犯玉皇殿神，宜速祭祀遣送，二四八日可退无妨，板木为"门"形状。

（又）：身立，呕泻气急，下坛司命不安，四官神为祸，一五七日退，加病

亦无妨。

（再）此日病者，头昏眼花，胡言乱语，不思茶饭，刀兵咒诅、冷坛野鬼游司为祸，二四日退。

16. 每月十六得病者，为"便竹纵"后壁上方日，主考家外鬼。撞着山神并及伤亡鬼抢魂，宜速追魂可保，一五七日退，板木为"口"形状。

（又）：身斜，男轻女重，肚内疼痛，呕泻，有犯庙神坛神净愿白虎，丑未日退，若加重则会拖延。

（再）此日病者，四肢沉重，眼花乱言，神志不清，香火不安，阴司姑娘梅山庙神、刀兵伤亡为祸，二五八日退。

17. 每月十七得病者，为"吉洞"天门日，主考家内神。五道神王，家先不安，宜祭安定大吉，三六九日退，板木为"囚"形状。

（又）：身立，心烦气急，腹内疼痛，少思饮食，有犯公安山神，民巳午未日退，若加重则连绵难愈。

（再）此日病者，浑身沉重，不省人事，主家神先亡，坛神瘟司，五道七郎求祭，一四七日可退。

18. 每月十八得病者，为"蒙竹便"大门上方日，主考家外鬼。男轻女重，庙神伤亡，五道坛神作祟，祭送无妨，一五七日退，板木为"门"形状。

（又）：身立，从外回家，撞遇古墓神、净神、家先不保，一五七日退好，若加重则要小心，求神可保无事。

（再）此日病者，肚腹胀痛，寒热交加，主瘟司天曹古墓为害，宜退送大吉，一五七日可好。

19. 每月十九得病者，为"蒙竹"大门日，主考家外鬼。公婆祖神家先不安，四山有愿，宜速安送，四六十日退吉加凶板木为"山"形状。

（又）：身覆，男轻女重。遍身潮热体痛，撞遇坛神为祸，一五七日退，若加重则难好。

（再）此日病者，头痛伤神日轻夜重，呕吐，家宅不安，西方庙神、黑毛诸天墓神相害，墓坟追魂可好。

20. 每月二十得病者，为"蒙兵"中堂日，主考家内神。上方大神并及山神洞主、南方伤亡作祟，速宜遣送，一五七日退吉板木为"囚"形状。

（又）：身斜，四体沉重，少思茶饭。撞遇西方伤亡鬼，堂屋香火净神有愿未明，亥丑辰日退。

（再）此日病者，四肢沉重，头痛呕吐，外神咒诅，丧车白虎伤亡为祸，三六九日退。

21. 每月二十一得病者，为"补竹"后壁日，主考家内神。天王有愿不明，伤亡求食，女人有灾，板木四块，宜速求福遣送可解，四六十日退吉加凶，难救，板木为"囚"形状。

（又）：身翻，十分沉重。南方山神土地为祸，一五七日退，不宜加病，若加重则主凶。

（再）此日病者，周身寒热，内脏不宁，司命灶神，庙神山鬼为祸，二四日可退，禳星可保。

22. 每月二十二得病者，为"便竹纵"后壁上日，主考家外鬼。当坊土地勾引三座大王，引进伤亡鬼入宅，宜速遣送，一五七日退吉，板木为"口"形状。

（又）：身斜，男重女轻，呕泻，白虎冷坛神为祸，三六九日退吉。

（再）此日病者，浑身沉重，四方五鬼山神有愿摧还，五音孤魂抢去魂魄，一五七日退吉加凶。

23. 每月二十三得病者，为"吉洞"天门日，主考家内神。病情沉重，九死一生。西方撞着冷坛白虎，有犯祖坟，宜急安谢并及遣送可保，板木四块，二四八日宜退忌加，若加重者，一六日难过，板木为"山"形状。

（又）：身翻，男轻女重，心闷气急，四肢沉重，辰巳日退，若加板木发动则难好，求神可解。

（再）此日病者，主头痛，南方五道庙中男女鬼，白虎、斋愿不明、诅咒相害，一五七日退，若加重则主流连。

24. 每月二十四得病者，为"蒙竹便"大门上方日，主考家外鬼。有犯灶神家先，宜祭谢，三六九日退吉，若加重则拖久方愈，板木为"乚"形状。

（又）：身立，男女病重，有犯庙神家先净愿未明，未日退，若加重则赎魂可好。

（再）此日病者，四肢无力，家神不安，先亡勾引外鬼游神，飞廉梅山为祸，三六七日可退。

25. 每月二十五得病者，为"蒙竹"大门日，主考家外鬼。撞着坛神白虎并及天会愿不明，还有东方墓土地及伤亡为祸，一六日退，宜祭求遣送可保，板木为"囚"形状。

（又）：身翻，手足飘飘，失魂久日，坛神山神白虎为祸，三六九日退，若加重则难好。

（再）此日病者，浑身沉重四肢不力，香火不安，金甲三圣净愿不明，先亡游司西方庙神为祸，二四八日退。

26. 每月二十六得病者，为"蒙兵"中堂日，主考家内神。板木四块，九死一生。南方土地勾引五方伤亡为祸，四六十日退，若加设送可保，板木为"乚"形状。

（又）：身斜，日轻夜重，伤亡五音庙神为祸，丑未亥日退。

（再）此日病者，心病腰痛肾病并发，宅神不安，丧车血光发动，一五七日可退。

27. 每月二十七得病者，为"补竹纵"后壁日，主考家内神。小口有灾，庙神有愿，日久未还，叔伯伤亡为祸，设送，三六九日退吉，板木为"刁"形状。

（又）：身立，心烦腰痛潮热，东南方庙神古墓神为祸，求祭可好。

（再）此日病者，浑身病痛，眼花呕吐，胡言不清，枉死先亡，山神洞神为祸，三六九日退。

28. 每月二十八得病者，为"便竹纵"后壁上日，主考家外鬼。男轻女重，龙神不安，腾蛇入宅，勾连死鬼上前，上方有愿，叩神不明，一五七日退，若加重宜追魂可保，板木为"山"形状。

（又）：身斜，男轻女重，四体不安，心烦气喘，庙神白虎丧车客亡为祸，一五七日退吉，若加重则凶。

（再）此日病者，头昏呕吐，香火不安，金甲七煞，飞山将军刀兵神为祸，二四八日可退。

29. 每月二十九得病者，为"吉洞"天门日，主考家内神。家先勾引伤亡并及邪神主道五道冷坛，二四八日退，宜祭送，若加有凶，板木为"囚"形状。

（又）：身覆，男轻女重，气急沉重，有犯庙神，求祭可解，辰巳日退。

（再）此日病者，寒热无度，四体疼痛，东方土地，阴司娘娘，难产吊颈伤亡为祸，二五八日退。

30. 每月三十得病者，为"蒙竹便"大门上方日，主考家外鬼。九死一生，病情沉重。撞着当境天王游车，手下抢去魂魄，一五七日退。宜速求福追魂可保，若加重则有凶，板木为"刁"形状。

（又）：身倒，男女沉重，寒热，撞遇古墓，五道邪神，亥子丑日退，若加重则要小心。

（再）此日病者，四体沉重，头昏眼花，呕吐不宁，家神勾引阴司白虎小山瘟神，古墓伤亡为祸，三五七日退吉，若加主凶。

注：板木为"门"者，则是只有左、右、上共三块板木，无底板之棺木也。

板木为"山"者，则是只有左、右、底共三块板木，无盖板之棺木也。

板木为"匸"者，则是只有上、左、下共三块板木，无右板之棺木也。

板木为"刁"者，则是只有上、右、下共三块板木，无左板之棺木也。

板木为"口"者，则是上、下、左、右共四块板木，板木皆全凶象也。

板木为"囚"者，则是上、下、左、右共四块板木，皆全并且装有死人在内的大凶之象也。

二、三十日得病简易看法

1. 每月的初一、初八、十二这三日得病者，大多着罗孔大王水边神求食之祸。

2. 每月的初三、十六、二十七这三日得病者，大多着傩神坛神求食之祸。

3. 每月的初五、十八、二十九这三日得病者，大多着天王大神求食之祸。

4. 每月的初七、十四、二十一这三日得病者，大多着家先公安神求食之祸。

5 每月的初十、十一、二十这三日得病者，大多着冷坛神山鬼求食之祸。

6. 每月的初二、十三、二十五这三日得病者，大多着伤亡鬼洞神求食之祸。

7. 每月的初四、十七、二十八这三日得病者，大多着飞山神王求食之祸。

8. 每月的初六、十九、二十六这三日得病者，大多着先祖灶神求食之祸。

9. 每月的初九、二十二、二十三这三日得病者，大多着四官神求食之祸。

10. 每月的初十五、二十四、三十这三日得病者，大多着土地路神求食之祸。

三、每月转轮四路看病吉凶诀

初一、初五、初九、十三、十七、二十一、二十五、二十九得病主留连得好。

初二、初六、初十、十四、十八、二十二、二十六、三十得病半年拖延眠床。

初三、初七、十一、十五、十九、二十三、二十七得病主家先鬼神，

初四、初八、十二、十六、二十、二十四、二十八得病阎王有请难治。

此是黄泉路转日，细细考究是泰否。

图式：

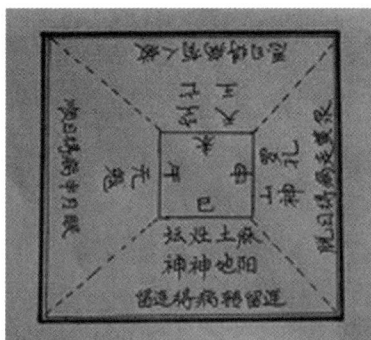

四路看病吉凶图

四、月大月小得病所在圈内外的看法

1. 大月的看法

初一、初二、初三、初四、初五、初六、初七、初八、初九、初十、十一、

十九、二十、廿一、廿二、廿三、廿四、廿五、廿六、廿七、廿八、廿九、

天王、飞山、三座、四官、土步、山神、罗孔、口舌、坛神、家先、古墓、

十二、十三、十四、十五、十六、十七、十八、三十、傩神、伤亡、车神、灶神、土地、天符、公安。

2. 小月的看法

初一、初二、初三、初四、初五、初六、初七、初八、初九、初十、十一、十九、二十、廿一、廿二、廿三、廿四、廿五、廿六、廿七、廿八、廿九、家先、坛神、口舌、罗孔、山神、土步、四官、三座、飞山、天王、公安、十二、十三、十四、十五、十六、十七、十八、三十、天符、土地、灶神、车神、伤亡、傩神、古墓。

图式：

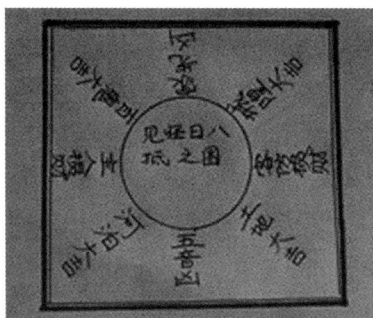

月大月小看病图

3. 得病在圈内外的看法

圈内日：初一、初二、初三、初五、初八、初十、十一、十二、十四、十五、十六、廿一、廿三、廿八。

圈外日：初四、初六、初七、初九、十三、十七、十八、十九、二十、廿二、廿四、廿五、廿六、廿七、廿九、三十。

图 1：

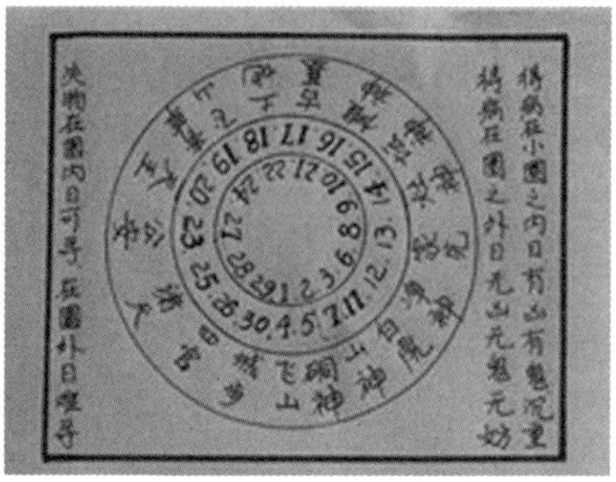

圈内圈外得病吉凶图一

图 2：

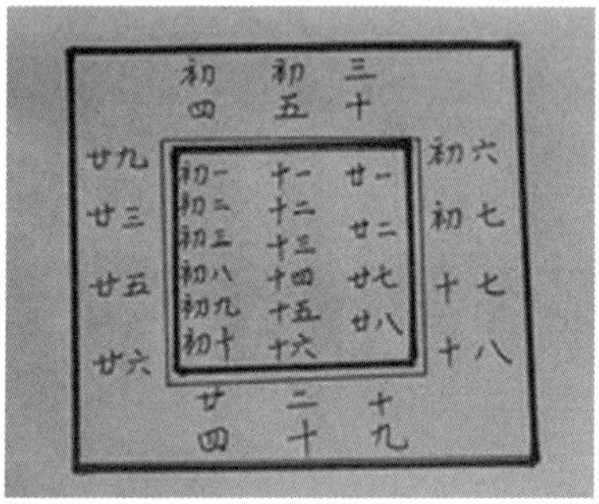

圈内圈外得病吉凶图二

图 3：

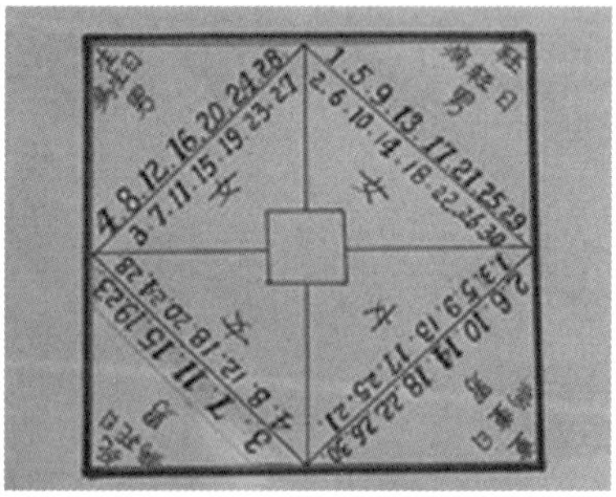

圈内圈外得病吉凶图三

五、男女得病三十日所值鬼神的看法

1. 男人得病的看法

初一、初二、初三、初四、初五、初六、初七、初八、初九、初十、
子宫、丑宫、寅宫、卯宫、辰宫、巳宫、午宫、未宫、申宫、酉宫、
家先、伤亡、飞山、公安、天蜡、青草、天王、土地、五音、山神、
十一、十二、十三、十四、十五、十六、十七、十八、十九、二十、
戌宫、亥宫、子宫、丑宫、寅宫、卯宫、辰宫、巳宫、午宫、未宫、
河泊、无鬼、家先、伤亡、飞山、公安、天蜡、青草、天王、土地、
廿一、廿二、廿三、廿四、廿五、廿六、廿七、廿八、廿九、三十、
申宫、酉宫、戌宫、亥宫、子宫、丑宫、寅宫、卯宫、辰宫、巳宫、
五音、山神、河泊、无鬼、家先、伤亡、飞山、公安、天蜡、青草。

2. 女人得病的看法

初一、初二、初三、初四、初五、初六、初七、初八、初九、初十、
亥宫、戌宫、酉宫、申宫、未宫、午宫、巳宫、辰宫、卯宫、寅宫、
无鬼、河泊、山神、五音、土地、天王、青草、太岁、公安、飞山、
十一、十二、十三、十四、十五、十六、十七、十八、十九、二十、
丑宫、子宫、亥宫、戌宫、酉宫、申宫、未宫、午宫、巳宫、辰宫、
伤亡、家先、无鬼、河泊、山神、五音、土地、天王、青草、太岁、
廿一、廿二、廿三、廿四、廿五、廿六、廿七、廿八、廿九、三十、
卯宫、寅宫、丑宫、子宫、亥宫、戌宫、酉宫、申宫、未宫、午宫、
公安、飞山、伤亡、家先、无鬼、河泊、山神、五音、土地、天王。

歌曰：（男顺女逆，皆从初一推去）

男从子宫顺行去，女从亥宫逆行推。

数至何宫值何神，依法禳解不用医。

各宫所值之鬼神：

子宫、丑宫、寅宫、卯宫、辰宫、巳宫、
家先、伤亡、飞山、公安、天蜡、青草、
午宫、未宫、申宫、酉宫、戌宫、亥宫、
天王、土地、五音、山神、河泊、无鬼。

图式：

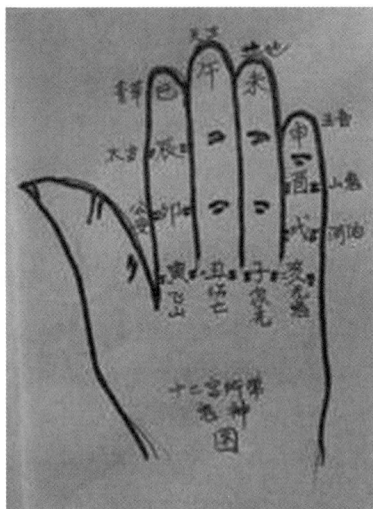

男女得病看法掌

六、六十甲子日得病的看法

1. 甲子日

甲子日得病者，先寒后热，家先外祖客亡诸天净神有愿未还，二四八十日及午申酉日退，若加重者，还家先神愿可解。

【又考】此日病者，头重脚软、先寒后热，诸天净愿未还，旧日许有天王愿，宜速酬还，午未日退吉加凶。

诗曰：枯梅调甘雨，竹老钩巨鳞，

我有斩妖剑，邪鬼化灰尘。

【再考】甲子乙丑海中金，三宝蜡愿之神作祟。

【又再考】甲子乙丑二日病者，身体沉重，是家先坛神客亡为祸。

【江汉考】因在北方撞遇五道阴神、过往邪神、男女阴神，令到祖先不安，病者发冷发热、四肢沉重、骨痛。

【犯方考】若眼手足痛者，是在火炉中的动土所致。东方灶上土犯，主夜痛难卧，眼珠上有臀子，火炉坑上物件犯也。

【吉凶考】甲子病重。

【解法】用黑钱五百（可用七巧节拜七姐用的七彩色纸的黑色纸代替）、纸马、水饭生果、香烛向北乡拜祭可送走阴神。

2. 乙丑日

乙丑日得病者，上呕下泻，是因为往北方撞遇伤亡小鬼打了一下，求祭公安作主，二四八日可好。

【又考】此日病者，吐泻不止、乍寒乍热，是公安三宝，香火不安，东方遇着伤亡，抢去魂魄，宜速祭送，申酉日退吉，若加宜追魂可保。

诗曰：一天星斗现，四方云雾盖。

　　　求神来保佑，路途车平坦。

【再考】甲子乙丑海中金，三宝蜡愿之神作祟。

【又再考】甲子乙丑二日病者，身体沉重，是家先坛神客亡为祸。

【江汉考】因在东北方冲着刀兵阴神、外来男女阴神，令灶君及土地不安，病者头痛、吐呕、呼吸不顺、身体沉重、心绪不宁。

【犯方考】宅东安床及卧房中动作修造犯也。

【吉凶考】乙丑主凶。

【解法】用白钱（用白色纸代替）二百、纸马、祭品、水饭生果、香纸向东北方祭拜，可送走阴神。

3. 丙寅日

丙寅日得病者，身体沉重、急症、不能行动，有犯灶神伤亡鬼，百口坛神，若加重则求祭庙神，三六九日退。

【又考】此日病者，心烦头痛，有犯灶神，撞着南方百口神，并及伤亡为祸，申日退吉加凶，宜速安送，可保大吉。

诗曰：连绵日久，难得脱体。

　　　不必过虑，求神保吉。

【再考】丙寅丁卯炉中火，灶神伤亡打绞。

【又再考】丙寅丁卯二日得病者，家先伤亡为祸。

【江汉考】因在东北方冲着男女阴神、新死鬼、无头鬼、病者骨痛、心绪不宁。

【犯方考】安床有犯丙火，主西方或南方灶土冲犯。

【吉凶考】丙寅主死。

【六甲得病凶日考】丙寅丁卯阎王叫。

【解法】用白钱（用白色纸代替）一百张、纸马、生果、酒、斋菜、荤食、金银纸、纸衣、香纸向东北方祭拜，可送走阴神。

4. 丁卯日

丁卯日得病者，骨痛寒热相缠，不思饮食，伤亡鬼勾引土地庙神、四官神、旧愿未明，求祭后四六十日退吉。

【又考】此日病者，筋骨疼痛，不思饮食，是伤亡勾引土地冷坛古庙并及四官旧愿，宜设送，酉日退吉，若加重则逢凶。

诗曰：如若诚心敬，方知神有灵。

可保病脱体，安坐享太平。

【再考】丙寅丁卯炉中火，灶神伤亡打绞。

【又再考】丙寅丁卯二日得病者，家先伤亡为祸。

【江汉考】因在东方冲着树木阴神、落水阴神，令家中神灵不安，加上东方有竹木，病者骨痛、身体沉重、睡觉不宁。

【犯方考】宅外西方灶土填坑冲犯。

【吉凶考】丁卯不妨。

【六甲得病凶日考】丙寅丁卯阎王叫。

【解法】用白钱（用白色纸代替）二百、纸马、水饭、生果、酒香纸向东方祭拜，可送走阴神。

5. 戊辰日

戊辰日得病者，时寒时热、心气肚腹疼痛，在东方遇着天王走马，手下将帅抢去魂魄，十分沉重，卯戌日退吉，加重宜求福。

诗曰：鱼中毒药飚下滩，恰遇清水转安然。

从今脱离天罗网，翻身跳过鬼门关。

【又考】此日病者，从东北方回家时得病，寒热气急、咽喉肿胀，疼痛不安，撞遇天符行车，被小鬼打了一下，抢去魂魄，求祭三六九日可好。

【再考】戊辰己巳大林木，天王降有后吉福。

【又再考】戊辰己巳二日得病者，身体沉重，是家先及东方庙神卖于天王为祸。

【江汉考】因在东南方冲着五道阴神、家宅阴神，家神有愿未还，加上东南方有凸物、犯柴火。病者发热心闷、呕吐、腹痛或是眼痛，身体沉重。

【犯方考】南方宅外坟上土坑相冲犯。

【吉凶考】戊辰有困。

【解法】用青钱(用青色纸代替)二百、纸马、水饭、生果、酒香纸向东南方祭拜，可送走阴神。

6. 己巳日

己巳日得病者，作寒作热，脚软眼花，东方遇着地步神为祸，月前见怪为起病，申子辰、三六九日退，若加重则可祭罗孔大王保安。

诗曰：莫说无神报，举头神有灵。

　　　　诚心来祭谢，病去自安宁。

【又考】此日病者，病因往南方而来，一寒一热，心胀疼痛，脚轻头重眼花晕，撞遇山神土地大王为祸，前月见怪，三六九日可退，若加速祭罗孔大王可好(料归吾也)。

【再考】戊辰己巳大林木，天王降有后吉福。

【又再考】戊辰己巳二日得病者，身体沉重，是家先及东方庙神卖于天王为祸。

【江汉考】因在东南方冲着过往阴神、男女阴神，令到家中灶神不安，家神有愿未还，加上东方有青石，令病者骨骼痛、身体沉重、心痛、头痛、坐卧不宁。

【犯方考】灶土犯，速宜谢土府吉。

【吉凶考】己巳大凶。

【解法】用赤钱(用白色纸代替)五百、纸马、水饭、生果、酒香纸向东南方祭拜，可送走阴神。

7. 庚午日

庚午日得病者，身体沉重难好，板木发动，速祭三座天符土地，三六九日若病加重，恐有一惊。

【又考】此日病者，板木发动，丧车白虎，其病连连增加，辰戌丑未日退吉，加恐有凶，急求天王三座大王可保。

诗曰：马跳淤泥地，曾入猛虎群。

　　　　速急求神佑，可免恸哭声。

【再考】庚午辛未路傍土，桥梁路道土地主。

【又再考】庚午辛未二日得病者，板木不全，伤亡五道有愿未为祸。一五七日退，祭之无妨。

【江汉考】因在南方冲着刀兵阴神、五道阴神、男女阴神，令到家中灶神不安，家神有愿未还，加上南方有木石，令病者发热、眼痛、身体沉重、心痛。

【犯方考】宅中宫北角土凶，宜谢土府保吉。

【吉凶考】庚午主死。

【解法】用赤钱（用白色纸代替）五百、纸马、水饭、生果、酒香纸向南方祭拜，可送走阴神。

8. 辛未日

辛未日得病者，遍身染毒，头痛眼花，前因天王四官旧愿未还，申子辰日退，一五七日好。

【又考】此日病者，头痛眼花，五方伤亡求食，丑未日退吉，若加急速遣送可好。

诗曰：家道丰足自饱温，也须肚里立干坤。

　　　　财多害己君须记，福有因果祸有门。

【再考】庚午辛未路傍土，桥梁路道土地主。

【又再考】庚午辛未二日得病者，板木不全，伤亡五道有愿未为祸。一五七日退，祭之无妨。

【江汉考】因在西南方冲着老年男女阴神，令到庙堂有愿未还，令病者骨肉酸痛、呼吸不畅、呕吐、心部不适、身体沉重。

【犯方考】北方贴壁头与磨石冲犯。

【吉凶考】辛未主死。

【解法】用黄钱（用黄色纸代替）二百、纸马、水饭、生果、酒香纸向西南方祭拜，可送走阴神。

9. 壬申日

壬申日得病者，家堂香火求紫祭，金甲神、四官、家先、车祖神为祸，手脚疼痛，心气不安，二四七日退，若加重则难好。

【又考】此日病者，其病不轻，四肢无力，内有家先四官，外有天王伤鬼，巳酉丑日退吉，若加重宜速祭并遣送大吉。

诗曰：劝君财物自当还，谋心欺心他自奸。

　　　　幸有高台明月境，请来对照破机关。

【再考】壬申癸酉剑锋金，天王伤亡为祸因。

【又再考】壬申癸酉二日得病者，有去无回，九死一生，若本人心好可免大吉。

【江汉考】因在西南方冲着落水男女阴神、童子鬼，令到庙堂有愿未还，令病者头痛、呼吸不畅、肚痛下泻。

【犯方考】东方坟墓有冲犯。

【吉凶考】壬申大凶。

【解法】用黄钱（用黄色纸代替）二百、纸马、水饭、生果、阴人衣、金银纸、酒香纸向西南方祭拜，可送走阴神。

10. 癸酉日

癸酉日得病者，四肢乍寒乍热、眼目昏花、手足无力，是三座大王及伤亡鬼为祸，祭之可保。

诗曰：一身疾病向谁问，十八滩头说君听。

　　　　世事尽从流水去，功名富贵自天成。

【又考】此日病者，潮热肚痛呕泻，过往井泉时受惊，三座大王家神为祸，巳酉丑日退，若加重则须求神保吉。

【再考】壬申癸酉剑锋金，天王伤亡为祸因。

【又再考】壬申癸酉二日得病者，有去无回，九死一生，若本人心好可免大吉。

【江汉考】因在西方冲着老年男女阴神，因杀无头鬼，令灶神不安，加上西方有泥土，令病者身体沉重、发热、头痛。

【犯方考】宅外东方田内石物柴堆冲犯。

【吉凶考】癸酉主凶。

【解法】用白钱（用黄色纸代替）二百、纸马、水饭、生果、酒香纸向西方祭拜，可送走阴神。

11. 甲戌日

甲戌日得病者，日轻夜重，在南方撞遇三座大王，游野伤亡鬼为祸，寅午日退，祭之无碍。

诗曰：耕耘只可在其乡，何用求谋去外方。

见说今年运势好，门前喜气庆高堂。

【又考】此日病者，日轻夜重，家先三座庙神行车抢魂，求祭可好，一五七日退。

【再考】甲戌乙亥山头火，水火伤亡来为祸。

【又再考】甲戌乙亥二日得病者，日轻夜重，家先为祸。祭之四六十日退。

【江汉考】因在西北方冲着刀兵阴神，血刃阴神，灶君不安，令到庙堂有愿未还，令病者发热、心闷肚痛、咳嗽、常流口水且四肢沉重。

【犯方考】宅外西方土坑倒灶土在内冲犯。

【吉凶考】甲戌不妨。

【解法】用白钱（用白色纸代替）五百、纸马、水饭、生果、酒香纸向西北方祭拜，可送走阴神。

12. 乙亥日

乙亥日得病者，因日久与人争闹，或与人喊神鬼，在外许有飞山愿未还，连年日乏缠绵身体，魂魄飘游，九死一生，午戌日退吉，若加速还此愿，在外赎魂方免悲声。

诗曰：寅午戌年多阻滞，亥子丑月利享加。

更逢玉负金维会，枯木逢春又开花。

【又考】此日病者，手足飘飘，有犯飞山公居杨家神、口舌伤亡，四六十日退。

【再考】甲戌乙亥山头火，水火伤亡来为祸。

【又再考】甲戌乙亥二日得病者，日轻夜重，家先为祸。祭之四六十日退。

【江汉考】因在西方冲着老年男女阴神、产死阴神，令灶神土地不安，令病者发热头痛、眼痛、身体沉重。

【犯方考】宅内灶神不安，宜谢土府大吉。

【吉凶考】乙亥不妨。

【解法】用白黄钱（用白色纸代替）二百、纸马、水饭、生果、酒香纸向西北方祭拜，可送走阴神。

13. 丙子日

丙子日得病者，香火不安，古墓邪神为祸，一五七日可好。

【又考】此日病者，恶毒临身，老者不死，少者不安，求神不灵，服药不效，可祭罗孔大王，申辰日退便大吉，若加难愈。

诗曰：奉公谨守莫欺心，只有享通吉利临。

目下营谋且休笑，秋期与子送佳音。

【再考】丙子丁丑涧下水，祸因水边伤亡鬼。

【又再考】丙子丁丑二日得病者，是公安邪神伤亡为祸。一五七日可退，若加重祭之则吉。

【江汉考】因在北方冲着水鬼阴神，游司鬼、落水伤亡，令到家先土地不安，加上北方有青竹瓦木石，令病者发冷发热、呕吐心闷，身体感到沉重。

【犯方考】火炉中砖石相冲犯。

【吉凶考】丙子主凶。

【六甲得病凶日考】丙子丁丑哭泪有。

【解法】用黑钱（用黑色纸代替）五百、纸马、水饭、生果、酒香纸向北南方祭拜，可送走阴神。

14. 丁丑日

丁丑日得病者，山鬼抢去魂魄，伤亡药神（夏汝）为祸，一五七日赎魂可保。

【又考】此日病者，热潮相侵，夜梦不祥，山神勾引五方伤亡鬼抢魂，宜追魂遣送，子辰日退吉，要求神庇佑方安。

诗曰：衣食有无自天成，劝君不要苦费心。

但能孝悌存忠信，福禄自来无祸侵。

【再考】丙子丁丑涧下水，祸因水边伤亡鬼。

【又再考】丙子丁丑二日得病者，是公安邪神伤亡为祸。一五七日可退，若加重祭之则吉。

【江汉考】因在东北方冲着过往五鬼、水火阴神，游司鬼、落水伤亡，令到家中祖先灶神不安，加上东北方有青石，令病者发冷发热、头痛呕吐心闷，身体感到沉重。

【犯方考】卧房中床与灶有冲犯。

【吉凶考】丁丑主凶。

【六甲得病凶日考】丙子丁丑哭泪有。

【解法】用黄钱（用黄色纸代替）五百、纸马、水饭、生果、酒香纸向东北方祭拜，可送走阴神。

15. 戊寅日

戊寅日得病者，乍寒乍热，从山林边得病，撞遇土地山神为祸，一五七日可好，若加重则祭可保。

【又考】此日病者，乍寒乍热，时好时坏，遇着土地外因作祟求食，丑未日宜退不宜加，安送便好。

诗曰：飘飘独步白云间，玉殿千色不一般。

富贵荣华天注定，福如东海寿比山。

【再考】戊寅己卯城头土，当坊土地来害汝。

【又再考】戊寅己卯二日得病者，撞遇天王庙神山神为祸，一五七日退。

【江汉考】因在东北方冲着刑场无头鬼、枉死鬼，加上北方有青砖石，令病者发冷发热、头痛心闷、四肢不适、身体沉重。

【犯方考】宅内北方安床有冲犯。

【吉凶考】戊寅沉重。

【解法】用黄钱（用黄色纸代替）五百、纸马、水饭、生果、金银纸，酒香纸向东北方祭拜，可送走阴神。

16. 己卯日

己卯日得病者，不醒人事，不思饮食，反复拖延不定，龙神土地不安，可禳星谢灶神，若加恐有一惊。

【又考】此日病者，昏昏沉沉不醒人事，反复发作，缠缠绵绵拖延不绝，可祭土府土地，辰戌日退吉加凶。

诗曰：今君运势未亨通，且向江边学钓翁。

玉兔从草应发迹，万人头上逞英雄。

【再考】戊寅己卯城头土，当坊土地来害汝。

【又再考】戊寅己卯二日得病者，撞遇天王庙神山神为祸，一五七日退。

【江汉考】因在东方冲着大杀阴神、军阵伤死鬼，令到家先土地不安，有愿未进，加上北方有青竹瓦木石，令病者发冷发热、呕吐心闷、身体沉重。

【犯方考】宅外北方灶土或凸土有冲犯。

【吉凶考】己卯难治。

【解法】用青钱（用青色纸代替）二百、纸马、水饭、生果、酒香纸向东方祭拜，可送走阴神。

17. 庚辰日

庚辰日得病者，寒热交加，从西方回家起病，有犯天蜡，速宜还送此愿，巳酉日退。

诗曰：不分南北与西东，两眼昏花两耳聋。

　　　　熟读黄庭经一卷，无论贵贱与穷通。

【又考】此日病者，寒热交加，肚眼奇怪之病，因从西北方获病，撞遇冤家诅咒，家先飞山勾引伤亡诸天净神灶神为祸，二四八日退好。

【再考】庚辰辛巳白蜡金，诸天家仙祸为因。

【又再考】庚辰辛巳二日得病者，是家先伤亡傩神为祸。二四八日退吉加凶，祭之可保。

【江汉考】因在东南方冲着路道野游神、枉死男女鬼、落水伤亡鬼，令到家先土地不安，加上东南方有突出物体尖射物体，令病者骨肉酸痛、发冷发热、呕吐心闷、肚腹痛泻、身体沉重。

【犯方考】东方宅外土坑石有冲犯。

【吉凶考】庚辰不妨。

【解法】用青钱（用青色纸代替）五百、纸马、水饭、生果、酒香纸向东南方祭拜，可送走阴神。

18. 辛巳日

辛巳日得病者，四肢疼痛，可祭公安家先，方得安然，丑日可好。

诗曰：从南到北到东西，欲行天涯路问谁。

　　　　遇鼠逢牛响玉笛，好将名字榜上题。

【又考】此日病者，四肢疼痛，家下瘟神遣送可安，二四八日好。

【再考】庚辰辛巳白蜡金，诸天家仙祸为因。

【又再考】庚辰辛巳二日得病者，是家先伤亡傩神为祸。二四八日退吉加凶，祭之可保。

【江汉考】因在东南方冲着路道野游神、游荡男女鬼、刀兵落水伤亡鬼，令到家先土地不安，加上东南方有突出物体尖射物体，令病者骨肉酸痛、发冷发热、身体感到沉重。

【犯方考】远年灶土在东方有冲犯。

【吉凶考】辛巳主困。

【解法】用青钱（用青色纸代替）五百、纸马、水饭、生果、酒香纸向东南方祭拜，可送走阴神。

19. 壬午日

壬午日得病者，西北之神，有头痛、乍寒乍热、四肢无力、足软手酸，西北四十步送之大吉，丑未日退吉。

诗曰：欲向潮头坐，常闹水上波。

六月当三伏，横涨病自脱。

【又考】此日病者，头痛手软，日轻夜重，因从水边受了一惊，被飞山抢去魂魄，若加重则赎魂可好。

【再考】壬午癸未杨柳木，傩神坛神摧愿促。

【又再考】壬午癸未二日得病者，乃山神家先天王为祸，祭之无事。

【江汉考】因在南方冲着路道野游神、刑扬男女鬼、落水伤亡鬼，令到家先灶神土地不安，令病者骨肉酸痛、发冷发热、呼吸不顺、呕吐心闷、肚泻口渴、身体沉重。

【犯方考】南方角土与中宫物件有冲犯。

【吉凶考】壬午主凶。

【解法】用赤钱（用赤色纸代替）五百、纸马、水饭、生果、酒香纸向南方祭拜，可送走阴神。

20. 癸未日

癸未日得病者，手足不安，傩神有愿未还，坛神不安，亥卯未日好。

【又考】此日病者，四肢无力，心气不安，因远年许有傩愿未还，还傩愿后卯日可好。

诗曰：苏秦三寸是平生，富贵功名在此行。

更要修为阴德事，病根脱去自安宜。

【再考】壬午癸未杨柳木，傩神坛神摧愿促。

【又再考】壬午癸未二日得病者，乃山神家先天王为祸，祭之无事。

【江汉考】因在两南方冲着路道野游神、男女鬼、产死鬼、无头鬼，令到家中旧愿未还，令病者呼吸不畅、发冷发热、呕吐心闷、肚腹痛泻、身体沉重。

【犯方考】东方壁头土石有冲犯。

【吉凶考】癸未有损。

【解法】用黄钱（用黄色纸代替）五百、纸马、水饭、生果、酒香纸向南方祭拜，可送走阴神。

21. 甲申日

甲申日得病者，四骨疼痛，手足飘浮，家神香火不安，伤亡车神家先为祸，一五七日退。

【又考】此日病者，筋骨疼痛，净愿伤亡地步神为祸，宜速设送，子辰日退吉加凶。

诗曰：满天星斗现，何愁云雾来。

　　　　逢凶可化吉，病好己伤财。

【再考】甲申乙酉泉中水，净愿香火把愿摧。

【又再考】甲申乙酉二日得病者，失落魂魄，家先福神为祸，一五七日退之则吉。

【江汉考】因在西南方冲着男女阴鬼、关煞七娘、童子鬼，令到家中灶神不安，令病者发热、头痛心病、身体沉重、夜睡不宜。

【犯方考】中宫后或地下有古墓冲犯。

【吉凶考】甲申留连拖延难好。

【解法】用黄钱（用黄色纸代替）五百、纸马、水饭、生果、酒香纸向西南方祭拜，可送走阴神。

22. 乙酉日

乙酉日得病者，乍寒乍热，因地府伤亡为祸，申子辰日可退。

【又考】此日病者，水伤亡鬼、解愿司命公安，一五七日好，申子辰日退吉加凶。

诗曰：云雾遮重重，玉兔逢子冲。

　　　　求神宜速解，保吉可免凶。

【再考】甲申乙酉泉中水，净愿香火把愿摧。

【又再考】甲申乙酉二日得病者，失落魂魄，家先福神为祸，一五七日退之则吉。

【江汉考】因在西方冲着路道男女鬼、血光重子阴神，令到灶神不安，加上西方有瓦口突出物体尖射物体，令病者发热、心烦呼吸不顺、骨酸肉痛。

【犯方考】宅外土物与中宫有冲犯。

【吉凶考】乙酉不妨。

【解法】用白钱（用白色纸代替）五百、纸马、水饭、生果、酒香纸向西方祭拜，可送走阴神。

23. 丙戌日

丙戌日得病者，十分沉重，坐卧不安，家先有愿未明，庙神客亡为祸，一五七日退，若加则三六九日凶，板木发动也。

【又考】此日病者，九死一生，十分沉重，坐卧不安，不进饮食，丧车白虎，板木发动摧死，可还天赌，丑未日退吉加凶。

诗曰：三千律法八千文，此事如何说得清。

　　　　善恶二字从头问，祸福报应自分明。

【再考】丙戌丁亥屋上土，桥梁土地游神主。

【又再考】丙戌丁亥二日得病者，乃家先卖与庙神为祸，三六九日退吉。

【江汉考】因在西北方冲着刀兵阴游神、本地方山鬼，令到土地不安，令病者骨肉酸痛、作闷、身体沉重。

【犯方考】宅外土坑与灶土有冲犯。

【吉凶考】丙戌不妨。

【解法】用白钱（用白色纸代替）五百、纸马、水饭、生果、酒香纸向西北方祭拜，可送走阴神。

24. 丁亥日

丁亥日得病者，五方坛神，并土地三座大王为祸，巳午日若不退，宜祭之方吉。

诗曰：个中情由极纷然，当初须知孝为先。

　　　　长舌小人说休听，立心行善要心坚。

【又考】此日病者，家有旧愿未还，宜安龙谢土神，土地三座天王，一五七日好，若加恐难保。

【再考】丙戌丁亥屋上土，桥梁土地游神主。

【又再考】丙戌丁亥二日得病者，乃家先卖与庙神为祸，三六九日退吉。

【江汉考】因在西北方冲着老翁阴神、本地绝户鬼、私情落水阴鬼、家内自缢鬼，令到土地不安，加上西北方有树木形成煞气，令病者发热心痛、肚痛作闷。

【犯方考】司命灶土不安有冲犯。

【吉凶考】丁亥不妨。

【解法】用白钱（用白色纸代替）三百张、纸马、水饭、生果、酒香纸向西北方祭拜，可送走阴神。

25．戊子日

戊子日得病者，潮寒吐泻，在南方撞遇求食伤亡鬼为祸，辰戌日退吉加凶，遣送可保平安。

诗曰：一般器用与人同，巧断轮与梓匠工。

凡事有缘机有分，秋冬方遇主人翁。

【又考】此日病者，潮热呕吐，撞遇半天恶天大王、地府伤亡为祸，三六九日退，若加宜遣送。

【再考】戊子己丑霹雳火，自缢伤亡把祸作。

【又再考】戊子己丑二日得病者，不思饮食，乃家先不安，卖与三座神王为祸，三六九日退，若加祭则之吉。

【江汉考】因在北方冲着路道阴游神、本地方山鬼、新死男女鬼，令到祖先灶神不安，加上北方有突出物、尖角体对射家中，令病者发热呕吐、骨肉酸痛、咳嗽、心绪不宁。

【犯方考】西方火炉土堆物件有冲犯。

【吉凶考】戊子主凶。

【解法】用黑钱（用黑色纸代替）三百张、纸马、水饭、生果、酒香纸向北方祭拜，可送走阴神。

26．己丑日

己丑日得病者，日轻夜重，三座大王勾引伤亡鬼为祸，未日不加，祭则可吉也。

诗曰：我木天仙雷雨师，吉凶祸福我先知。

至诚祝祷神灵验，能鉴人心直不直。

【又考】此日病者，早轻夜重，伤亡为祸，三六九日退，并求三座大王可保。

【再考】戊子己丑霹雳火，自缢伤亡把祸作。

【又再考】戊子己丑二日得病者，不思饮食，乃家先不安，卖与三座神王为祸，三六九日退，若加祭则之吉。

【江汉考】因在东北方冲着外来的男女阴神，令到祖先灶神不安，令病者发热发冷、心绪不宁、四体沉重。

【犯方考】宅西方安床有冲犯。

【吉凶考】己丑难治。

【解法】用黄钱（用黑色纸代替）五百张、纸马、水饭、生果、酒香纸向东北方祭拜，可送走阴神。

27. 庚寅日

庚寅日得病者，四体不安，精神不爽，南方撞遇公安行车，家先并引五道庙神抢魂，三六九日退吉。

【又考】此日病者，神精衰弱，从东方回家，遭邪神抢魂，又遇公安神车马，其病反复无常，亥卯未日不退恐凶，宜速追祭，此日若加，难过申日。

诗曰：贵人遭遇云水乡，冷淡交情滋味长。

　　　黄道天开延故客，骍驹应得骤康王。

【再考】庚寅辛卯松柏木，要赎大魂病才除。

【又再考】庚寅辛卯二日得病者，是大圣五道庙神，东南方有犯山鬼为祸，三六九日退，板木全，病加重恐凶。

【江汉考】因在东北方冲着五道阴神、外来的男女阴神、落水鬼，加上东方有石木突出，令病者全身发热发冷、作闷呕吐、头痛、四体沉重。

【犯方考】东方修造安床有冲犯。

【吉凶考】庚寅不妨。

【解法】用黄钱（用黑色纸代替）四百张、纸马、水饭、生果、酒香纸向东北方祭拜，可送走阴神。

28. 辛卯日

辛卯日得病者，内脏疼痛咳嗽，因由东北方惊骇回家，催神有愿冷坛武猖、青草大王为祸，三六九日退，若加重则凶。

【又考】此日病者，咳吐之疾，在东遇着冷坛武猖，勾引伤亡催神为祸，亥卯未日宜退不宜加，速急祭送保吉。

诗曰：经营百出费精神，南北奔驰运不兴。

　　　玉兔交时难顺意，恰如枯木未逢春。

【再考】庚寅辛卯松柏木，要赎大魂病才除。

【又再考】庚寅辛卯二日得病者，是大圣五道庙神，东南方有犯山鬼为祸，三六九日退，板木全，病加重恐凶。

【江汉考】因在东方冲着瘟瘟阴神、五道鬼及落水鬼，加上东方有木石，令病者四体沉重、身体发热。

【犯方考】正南埋有桩有冲犯。

【吉凶考】辛卯不妨。

【解法】用青钱(用青色纸代替)四百张、纸马、水饭、生果、酒香纸向东方祭拜,可送走阴神。

29. 壬辰日

壬辰日得病者,伤风吐泻,在北方树或桥头着风,傩神驱山神小知鬼抢魂,天符公安为祸,一五七日退,若加重则凶。

【又考】此日病者,旧疾复发,伤风咳嗽,在北方撞着伤亡山鬼,抢去魂魄,寅午日退吉加凶,宜速设祭可保。

诗曰:五十功名心已灰,哪知富贵把人催。

　　　　更行好事存方寸,寿比山梁位台登。

【再考】壬辰癸巳长流水,火神土地旧愿攉。

(麻阳神、火神、土地神等有旧愿。)

【又再考】壬辰癸巳二日得病者,乃罗孔大王公安五道山神为为祸,二四八日退吉。

【江汉考】因在东南方冲着重丧鬼、瘟疫阴神、五道鬼,加上南方有青瓦尖或石头突出,令病者四体沉重、身体发热呕吐。

【犯方考】大门外动土填坑有冲犯。

【吉凶考】壬辰主凶。

【六甲得病凶口考】壬辰病者哭哀哀。

【解法】用青钱(用青色纸代替)三百张、纸马、水饭、生果、酒香纸向东南方祭拜,可送走阴神。

30. 癸巳日

癸巳日得病者,花柳有失,恐生毒恶,是家先灶神不安,申子辰日退吉,若加紧防,三六九日主凶。

诗曰:今年谷禾不如前,物价飞涨倍往年。

　　　　灾难流引多交厉,一阳复始方安然。

【又考】此日病者,暗中有疾,家先土地为祸,申子辰日退,若加重恐有一跳。

【再考】壬辰癸巳长流水,火神土地旧愿攉。

(麻阳神、火神、土地神等有旧愿。)

【又再考】壬辰癸巳二日得病者,乃罗孔大王公安五道山神为祸,二四八日退吉。

【江汉考】因在东南方冲着附马阴神、无主阴神，灶神土地不安，令病者发热、咳嗽气喘。

【犯方考】灶土处理不当有冲犯。

【吉凶考】癸巳主困。

【解法】用赤钱(用赤色纸代替)四百张、纸马、水饭、生果、酒香纸向东南方祭拜，可送走阴神。

31. 甲午日

甲午日得病者，家先山神庙神为祸，二四八日退，若加重可求祭无妨。

【又考】此日病者，盲哑之灾，一月前见一怪物而导至失魂，并及伤亡求食，已酉日退吉。

诗曰：从前做事总徒劳，才见新毒时渐遭。

　　　　百计营谋都得意，更须守己莫心焦。

【再考】甲午乙未沙中金，傩神伤亡要理清。

【又再考】甲午乙未二日得病者，家先庙咒诅神伤亡为祸，祭之二四八日退，若加祭之可免。

【江汉考】因在南方冲着五道阴神、落水鬼，令祖先、灶神土地不安，令病者头痛发热、心烦气闷四体沉重。

【犯方考】宅中宫或东南角土有冲犯。

【吉凶考】甲午不妨

【解法】用赤钱(用赤色纸代替)五百张、纸马、水饭、生果、酒香纸向南方祭拜，可送走阴神。

32. 乙未日

乙未日得病者，朦哑一时，骨节疼痛，四山梅山伤亡为祸，一五七日退，祭之全好。

【又考】此日病者，魂魄朝天，及冷坛神山鬼为祸，宜解送，酉丑日宜退不宜加。

诗曰：樽前无事休高歌，时未来时奈如何。

　　　　白马渡江日虽暮，虎头城里看巍峨。

【再考】甲午乙未沙中金，傩神伤亡要理清。

【又再考】甲午乙未二日得病者，家先庙神咒诅伤亡为祸，祭之二四八日退，若加重则祭之可免。

【江汉考】因在西南方冲着五道阴神、男女吊死鬼，令病者头痛眼花，发热呕吐并软脚软手。

【犯方考】东方磨石物件有冲犯。

【吉凶考】乙未不妨。

【解法】用黄钱(用黄色纸代替)三百张、纸马、水饭、生果、酒香纸向西南方祭拜，可送走阴神。

33. 丙申日

丙申日得病者，四肢疼痛，撞遇家先伤亡雷神土地为祸，赎魂可好。

【又考】此日病者，

诗曰：伤亡鬼缠不相当，赎魂买命送无常。

　　　　更遇家先并土地，三六九日微退祥。

　　　　只恐天昏日又暗，寅午戌日须要防。

　　　　此病纵然天庇佑，不死救生要困床。

又曰：

　　　　一般行贷好抬邀，积少成多只当饶。

　　　　常将他人作自己，管须日后胜今朝。

【再考】丙申丁酉山下火，伤亡财神有愿促。

【又再考】丙申丁酉二日得病者，是家先伤亡为祸，一五七日退，若加恐有凶也。

【江汉考】因在西南方冲着外来枉死男女鬼、难产鬼，令病者眼刺发热、腰酸背痛、软脚软手。

【犯方考】宅外西方古墓有冲犯。

【吉凶考】丙申不妨。

【解法】用黄钱(用黄色纸代替)二百张、纸马、水饭、生果、酒香纸向西南方祭拜，可送走阴神。

34. 丁酉日

丁酉日得病者，寒热相侵，五瘟伤亡为祸，四六十日退吉。

【又考】此日病者，飞山等白虎邪神为祸，板木四块，亥日若加重则有凶。

诗曰：营中失阵最为惊，酒中生寒病不轻。

　　　　无须用药调治体，枉费银钱枉敬神。

【再考】丙申丁酉山下火，伤亡财神有愿促。

【又再考】丙申丁酉二日得病者，是家先伤亡为祸，一五七日退，若加重恐有凶也。

【江汉考】因在西方冲着男女吊死鬼，加上西方有竹木石物冲犯煞气，令病者头痛腹痛心痛、发热吐泻、软脚软手。

【犯方考】西方灶土瓦砖有冲犯。

【吉凶考】丁酉不妨。

【解法】用白钱（用白色纸代替）三百张、纸马、水饭、生果、酒香纸向西方祭拜，可送走阴神。

35. 戊戌日

戊戌日得病者，日轻夜重，在外撞着天王猛将，抢去魂魄，故此沉重，宜求福，大赎魂（抽抓），辰巳日即退可好。

诗曰：慈发善心天知音，何须问我诀猜疑。

愿你改恶修阴德，何愁灾难不脱身。

【又考】此日病者，皮肤寒热，日轻夜重，天王及十二牙官抢魂，三六九日退吉。

【再考】戊戌己亥平地木，追魂赎魂要大做。

【又再考】戊戌己亥二日得病者，是家先三座当坊神勾引山鬼为祸，三六九日可好。

【江汉考】因在西北撞着煞神、投井水死鬼、无主孤魂，冲着土地，令病者全身发热、头痛呕吐、软脚软手。

【犯方考】宅外东方土坑有冲犯。

【吉凶考】戊戌有损。

【解法】用白钱（用白色纸代替）三百张、纸马、水饭、生果、酒香纸向西北方祭拜，可送走阴神。

36. 己亥日

己亥日得病者，西方撞着冷坛山鬼，勾引罗孔猛将求食，丑未日退吉。

诗曰：喜雀檐前报好音，和君十里欲归心。

绣帏重结鸳鸯带，叶落霜凋寒气生。

【又考】此日病者，浑身潮热，东方撞遇罗孔山神为祸，祭之可保平安。

【再考】戊戌己亥平地木，追魂赎魂要大做。

【又再考】戊戌己亥二日得病者，是家先三座当坊神勾引山鬼为祸，三六九日可好。

【江汉考】因在西北方遇着无头煞神，家神有原未还，令病者全身发热、心痛骨痛。

【犯方考】宅外土坑与司命有冲犯。

【吉凶考】己亥难治。

【解法】用白钱（用白色纸代替）三百张、纸马、水饭、生果、酒香纸向西北方祭拜，可送走阴神。

37. 庚子日

庚子日得病者，在西北方洞泉边遇着洞神求食，如果加上伤亡鬼为祸，灶神土地求祭，辰戌日退吉加凶。

诗曰：千里人面虎狼心，赖于干戈用力深。

　　　　得胜回时秋渐老，虎头城里喜相寻。

【又考】此日病者，头痛心虚寒热相交，因往西北方洞边受惊，遇着洞神为祸，若加重则求庙神坛神可好，一五七日退。

【再考】庚子辛丑壁上土，长生土地来为主。

【又再考】庚子辛丑二日得病者，是傩神坛神伤亡为祸，一五七日退，无妨事也。

【江汉考】因在北方冲着少年元主煞神、无主孤魂，家神旧愿未还，会土地灶君不安，令病者全身发热、头痛不安。

【犯方考】火炉坑砖石有冲犯。

【吉凶考】庚子不妨。

【解法】用黄钱（用黄色纸代替）五百张、纸马、水饭、生果、酒香纸向北方祭拜，可送走阴神。

38. 辛丑日

辛丑日得病者，在路行走遇着土地及南方鬼神求食，丑未日退吉。

诗曰：襄王剿北且图南，精力虽好尚未堪。

　　　　欲识生前君大数，前三山与后三山。

【又考】此日病者，因往西北方，撞遇土端煞神为祸，若加重则祭之可保无事吉利也。

【再考】庚子辛丑壁上土，长生土地来为主。

【又再考】庚子辛丑二日得病者，是傩神坛神伤亡为祸，一五七日退，无妨事也。

【江汉考】因在东北方冲着路死阴煞神，冲着土地、灶神不安，令病者全身发热、头痛吐泻、四肢无力。

【犯方考】北方床上物件有冲犯。

【吉凶考】辛丑不妨。

【解法】用黄钱（用黄色纸代替）三百张、纸马、水饭、生果、酒香纸向东北方祭拜，可送走阴神。

39. 壬寅日

壬寅日得病者，有犯家先福神、太岁天符白虎净神，二四八日退吉，若加重祭公安三宝可好。

【又考】此日病者，家先不安，飞山诸天无头神为祸，巳酉日退吉。

诗曰：朔风凛凛正逢冬，多羡门前喜气浓。

更入新人情长义，衷言方得信先溶。

【再考】壬寅癸卯金泊金，天蜡净愿来作瘟。

【又再考】壬寅癸卯二日得病者，天王山鬼为祸，二四八日退吉。

【江汉考】因在东北方冲着游荡鬼、外来煞神、可无主孤魂，冲着土地，令病气急口干、心痛不安、呕吐。

【犯方考】东方安床堆物有冲犯。

【吉凶考】壬寅难治。

【解法】用黄钱（用黄色纸代替）五百张、纸马、水饭、生果、酒香纸向东北方祭拜，可送走阴神。

40. 癸卯日

癸卯日得病者，先轻后重，一反一复，先年净烛愿未还，二四八日退，若加重则可祭公安烛愿家先则好。

【又考】此日病者，公安家先远年旧愿未还，巳丑日退吉，送之无事。

诗曰：河渠路傍有高低，可叹路长日已西。

纵有荣华好时节，无何目下少天梯。

【再考】壬寅癸卯金泊金，天蜡净愿来作瘟。

【又再考】壬寅癸卯二日得病者，天王山鬼为祸，二四八日退吉。

【江汉考】因在东方撞着树木煞神、投井水死鬼，冲着土地不安，令病者头痛呕吐、发热、肚腹痛、四体不安。

【犯方考】东方宅外安水曹瓦堆有冲犯。

【吉凶考】癸卯主困。

【解法】用青钱（用青色纸代替）五百张、纸马、水饭、生果、酒香纸向东方祭拜，可送走阴神。

41. 甲辰日

甲辰日得病者，男女沉重，因到东方被飞山抢伤魂魄，家先不安，净神香火天符为祸，四六十日退。

【又考】此日病者，在东方树林边失惊，神马及伤亡鬼为祸，寅午日退则吉，宜速祭之。

诗曰：雷雨风云各有司，至诚祝祷莫生疑。

与君约定玉兔日，正是五龙会合时。

【再考】甲辰乙巳佛灯火，飞山伤亡再加傩。

【又再考】甲辰乙巳二日得病者，是天符净神有愿不明为祸，家先不安，一五七日退吉。

【江汉考】在东南方冲着五路鬼、吊死鬼、断脚鬼纠缠。冲着土地不安，令病者骨头痛、呕吐、肚肠痛、肚腹痛、四肢不安。

【犯方考】西方土坑之土有冲犯。

【吉凶考】甲辰主损。

【六甲得病凶日考】甲辰乙巳返黄泉。

【解法】用青钱（用青色纸代替）三百张、纸马、水饭、生果、酒香纸向东南方祭拜，可送走阴神。

42. 乙巳日

乙巳日得病者，虚弱寒热，因到南方石桥边，伤亡家先，灶神为祸，寅午戌日退。

【又考】此日病者，在东南失脚受惊，家先及灶神不安求祭，午戌日安康大吉。

诗曰：雀巍巍巍复雀巍，履险如夷去复归。

身如菩提心是镜，长安一至致春回。

【再考】甲辰乙巳佛灯火，飞山伤亡再加傩。

【又再考】甲辰乙巳二日得病者，是天符净神有愿不明为祸，家先不安，一五七日退吉。

【江汉考】在东南方冲着瘟疫鬼，落水鬼纠缠。加上东南方有瓦石尖角冲犯，令病者发热头痛呕吐、肚肠痛、肚腹痛、四肢不安。

【犯方考】灶神不安，有冲犯，宜安谢灶神。

【吉凶考】乙巳主凶。

【六甲得病凶日考】甲辰乙巳返黄泉。

【解法】用赤钱（用赤色纸代替）五百张、纸马、水饭、生果、酒香纸向东南方祭拜，可送走阴神。

43. 丙午日

丙午日得病者，在西方遇天王溪边失魂，申子日退，宜求福赎魂方保吉康。

诗曰：一天无事坐安然，哪知忽病受急难。

改换心肠求推送，劝你莫作等闲着。

【又考】此日病者，在溪边失魂，回家吐泻、头痛寒热，申子辰日退吉，若病加重可赎魂，送伤亡可好。

【再考】丙午丁未天河水，天王酬祭病好矣。

【又再考】丙午丁未二日得病者，天符五道净神为祸，一五七日退，若加重则酬飞山神无妨。

【江汉考】在南方冲着瘟疫鬼、刮煞神、五路鬼、烧死鬼纠缠。加上南方有木石冲犯，冲着祖先不安，令病者骨头痛眼痛、四体不安。

【犯方考】填中宫之土有冲犯。

【吉凶考】丙午难治。

【六甲得病凶日考】丙午丁未人必死。

【解法】用红钱（用红色纸代替）二百张、纸马、水饭、生果、酒香纸向东南方祭拜，可送走阴神。

44. 丁未日

丁未日得病者，南方撞遇步地神，并及山鬼，子辰日退吉加凶。

诗曰：白日青春身惮劳，只困前世未结高。

丙丁遇着步地鬼，要把纸钱搭早烧。

【又考】此日病者，因往南方，撞遇马邪伤亡山神，浑身肿痛、作寒作热，一五七日退。

【再考】丙午丁未天河水，天王酬祭病好矣。

【又再考】丙午丁未二日得病者，天符五道净神为祸，一五七日退，若加重则酬飞山神无妨。

【江汉考】在西南方冲着老妇鬼、行嫁亡神、白虎煞、冤家诅咒鬼纠缠。冲着土地不安，令病者发冷发热、头痛呕吐、四体不安。

【犯方考】灶土上石磨飞土有冲犯。

【吉凶考】丁未主困。

【六甲得病凶日考】丙午丁未人必死。

【解法】用黄钱（用黄色纸代替）五百张、纸马、水饭、生果、酒香纸向西南方祭拜，可送走阴神。

45. 戊申日

戊申日得病者，五方路途坛神净愿天蜡一堂，亥卯日退吉可好。

诗曰：功名富贵自能为，偶过山边莫问伊。

　　　万里鹏程君有念，异山顶上好钻龟。

【又考】此日病者，在西方途中撒尿，有犯土地，浑身潮热，大小便有阻畅，一五七日退，若加重则可祭之无妨。

【再考】戊申己酉大泽土，三座蜡净来救汝。

【又再考】戊申己酉二日得病者，有水下伤亡鬼为祸，一五七日退，若加重则恐凶也。

【江汉考】在西南方冲着冷死热死鬼、游荡鬼、瘟疫鬼纠缠。加上西南方有山石尖角冲犯，令病者发冷发热、心闷呕吐、胡言乱语、四体不安。

【犯方考】土坑壁头土有冲犯。

【吉凶考】戊申主死。

【解法】用黄钱（用黄色纸代替）五百张、纸马、水饭、生果、酒香纸向西南方祭拜，可送走阴神。

46. 己酉日

己酉日得病者，撞着五方伤亡及傩神，辰戌日退吉可好。

诗曰：焚香祝告复何辞，善恶平分汝自知。

　　　并却昧公心里事，出门无碍是道时。

【又考】此日病者，受惊骇，潮热肚痛，反复无常，申子辰日退，若加重可祭土地赎魂。

【再考】戊申己酉大泽土，三座蜡净来救汝。

【又再考】戊申己酉二日得病者，有水下伤亡鬼为祸，一五七日退，若加重则恐凶也。

【江汉考】在西方冲着少妇鬼、行嫁亡神、牛头马面煞、冤家诅咒鬼纠缠。令病者发冷发热、头痛、四体不安。

【犯方考】北方别家土冲自家宅受有冲犯。

【吉凶考】己酉难治。

【解法】用白钱（用白色纸代替）五百张、纸马、水饭、生果、酒香纸向西方祭拜，可送走阴神。

47. 庚戌日

庚戌日得病者，树神灶神不安，当境苗神天王，巳酉日退方吉。

诗曰：恐吟那那守孤帏，千里悬悬望信归。

　　　　等得荣华公子到，秋冬活活雨霏霏。

【又考】此日病者，净神家先有愿未明，撞遇外庙三宝，回家后呕吐、不思饮食，二由四八日退，求福可保。

【再考】庚戌辛亥钗钏金，家先天符解即清。

【又再考】庚戌辛亥二日得病者，公安家先福神五道为祸，二四八日退吉。

【江汉考】在西北方冲着无儿无女老翁鬼、游男瘟神、花精乌鸦七姐煞纠缠，令灶神地主不安。若加上此方有山石尖角冲犯，令病者发冷发热、心胸烦闷、头痛、四体沉重不安。

【犯方考】先亡填墓东方土有冲犯。

【吉凶考】庚戌难治。

【解法】用白钱（用白色纸代替）五百张、纸马、水饭、生果、酒香纸向西北方祭拜，可送走阴神。

48. 辛亥日

辛亥日得病者，天符家先伤亡为祸，酉日退吉加凶。

诗曰：北山门下起高庐，若问眼前比当初。

　　　　堪笑包藏许多事，鳞鸿虽便莫修书。

【又考】此日病者，多见怪异，夜梦不祥，有犯家神诸天净神，二四八日退吉。

【再考】庚戌辛亥钗钏金，家先天符解即清。

【又再考】庚戌辛亥二日得病者，公安家先福神五道为祸，二四八日退吉。

【江汉考】在西北方冲着投水鬼、树精、羊刃煞血刃及五方行灾使者，若加上此方再有山石尖角冲犯，土地不安，令病者发冷发热、心胸烦闷、头痛呕吐、四体沉重不安。

【犯方考】灶土有冲犯。

【吉凶考】辛亥留连。

【解法】用黄钱（用黄色纸代替）三百张、纸马、水饭、生果、酒香纸向西北方祭拜，可送走阴神。

49. 壬子日

壬子日得病者，四体沉重、一寒一热、骨痛手软，罗孔山神净神为祸，三六九日退，若加重求傩神山神可保。

【又考】此日病者，乃是祖先净愿，天蜡坛神，青草瘟司为祸，卯亥日退吉。

诗曰：新来换得好模规，何用谁人步与趋。

　　　　只听耳边消息至，崎岖历尽见通衢。

【再考】壬子癸丑桑柘木，罗孔追魂病消除。

【又再考】壬子癸丑二日得病者，天王罗孔净神为祸，三六九日退吉。

【江汉考】在北方冲着逆北阴神、江流大煞，家神愿未还，若加上此方有山石尖角冲犯，令病者发冷发热、心胸烦闷、头痛吐泻、四体沉重不安。

【犯方考】火坑上的物件与火炉坑有冲犯。

【吉凶考】壬子主凶。

【解法】用黑钱（用黑色纸代替）二百张、纸马、水饭、生果、酒香纸向西北方祭拜，可送走阴神。

50. 癸丑日

癸丑日得病者，周身潮热，有犯家先坛神，赎魂求祭可好。

【又考】此日病者，傩神桥梁路道土地，未日宜退不宜加，退吉加凶。

诗曰：一纸官书火急催，偏舟速下浪如雷。

　　　　虽然目下酬香愿，保你平安如意归。

【再考】壬子癸丑桑柘木，罗孔追魂病消除。

【又再考】壬子癸丑二日得病者，天王罗孔净神为祸，三六九日退吉。

【江汉考】在东北方冲着阴差、路鬼、五道阴神、新死鬼，加上门前再有瓦石尖角冲犯，令病者神情虚幻、飘浮不安。

【犯方考】南方或东南方安床有冲犯。

【吉凶考】癸丑大凶。

【解法】用黄钱（用黄色纸代替）二百张、纸马、水饭、生果、酒香纸向东北方祭拜，可送走阴神。

51. 甲寅日

甲寅日得病者，因在南方撞遇庙神天符推车，及家先灶神伤亡鬼为祸，一五七日退，否则祈福可免。

【又考】此日病者，山神坛神伤亡水邪为祸，申子日退吉。

诗曰：汝是人中最吉人，误作误为损精神。

监牢一念酬香愿，富贵荣化萃汝身。

【再考】甲寅乙卯大溪水，天王家灶有愿摧。

【又再考】甲寅乙卯二日得病者，邪神庙神水下伤亡为祸，一五七日退。

【江汉考】在东北方冲着本命太岁阴差、血盘星煞，令病者神发热腹痛、口干舌苦、不思饮食、四肢不宁。

【犯方考】道路、床与土府有冲犯。

【吉凶考】甲寅主死。

【六甲得病凶日考】甲寅乙卯命归天。

【解法】用黄钱（用黄色纸代替）三百张、青钱（用青色纸代替）二百张、纸马、水饭、生果、酒香纸向东北方祭拜，可送走阴神。

52. 乙卯日

乙卯日得病者，天王伤王净愿为祸，宜速祭送，辰酉日退则吉。

诗曰：好将心地力耕耘，彼此山灵总是坟。

阴地不如心地好，修为到善有福荫。

【又考】此日病者，闷闷沉沉，伤亡为祸，祭之则吉。

【再考】甲寅乙卯大溪水，天王家灶有愿摧。

【又再考】甲寅乙卯二日得病者，邪神庙神水下伤亡为祸，一五七日退。

【江汉考】在东方冲着六马三将阴差、行瘟使者、无祀阴神。加上门前再有瓦石尖角冲犯，令病者发热、心痛、腹痛、头痛、自言自语、神情虚幻、飘浮不安。

【犯方考】宅外土府有冲犯。

【吉凶考】乙卯主凶。

【六甲得病凶日考】甲寅乙卯命归天。

【解法】用青钱(用青色纸代替)三百张、纸马、红船、水饭、生果、酒香纸向东方祭拜,可送走阴神。

53. 丙辰日

丙辰日得病者,土地家先求食,中宫土府旧愿未还,一五七日退吉。

【又考】此日病者,伤亡勾引五道坛神抢魂,宜祭遣送,酉日退吉。

诗曰:与君万语复千言,只欲平和雪尔冤。

　　　　病修终凶君记起,试于清夜把门关。

【再考】丙辰丁巳沙中土,路桥傩神来做主。

【又再考】丙辰丁巳二日得病者,有犯家下香火不安为祸,一五七日退吉。

【江汉考】在东南方冲着游神野鬼、无主孤魂纠缠。令病者发热、口渴、肚痛、呕吐、胸闷。

【犯方考】灶府不安及土坑有冲犯。

【吉凶考】丙辰有困。

【六甲得病凶日考】丙辰丁巳速买棺。

【解法】用赤钱(用赤色纸代替)二百张、纸马、红船、水饭、生果、酒香纸向东南方祭拜,可送走阴神。

54. 丁巳日

丁巳日得病者,因往南方撞遇土地岁神(太岁神)大王水邪为祸,一五七日退,若加重求祭则吉。

【又考】此日病者,傩神坛神路道土地为祸,巳酉日退吉。

诗曰:登山涉水正天寒,一家病痛哪得安?

　　　　不意虎头人一唤,全家随保汝重欢。

【再考】丙辰丁巳沙中土,路桥傩神来做主。

【又再考】丙辰丁巳二日得病者,有犯家下香火不安为祸,一五七日退吉。

【江汉考】在东南方冲着自缢野鬼、水鬼纠缠,使家神、祖先不安。令病者头痛发热、呕吐脚软、胸闷。

【犯方考】司命不安，宜谢灶与土府。

【吉凶考】丁巳大凶。

【六甲得病凶日考】丙辰丁巳速买棺。

【解法】用赤钱（用赤色纸代替）三百张、往生咒钱、纸马、红船、水饭、生果、酒香纸向东南方祭拜，可送走阴神。

55. 戊午日

戊午日得病者，家先不安，天王旧愿未还，勾引百口伤亡为祸，三六九日退。

【又考】此日病者，犯五岳傩神，并及伤亡等鬼为祸，寅午戌日退吉。

诗曰：彼此居家在一山，为何似隔鬼门关？

日月如梭人未老，许多劳苦不如闲。

【再考】戊午己未天上火，天王伤亡把祸作。

【又再考】戊午己未二日得病者，天符五道并南方北方上的邪神坛神为祸，三六九日退吉。

【江汉考】在南方冲着自缢鬼、披麻煞、回殃煞、女鬼纠缠。令病者轻重交替、反复发作、昼夜颠倒、四体不安。

【犯方考】中宫土有冲犯，与灶神旧愿未还。

【吉凶考】戊午主死。

【解法】用赤钱（用赤色纸代替）五百张、纸马、水饭、生果、酒香纸向南方祭拜，可送走阴神。

56. 己未日

己未日得病者，在西方撞遇伤亡，又有犯天王，祭之可保无事，火局日即丙丁、寅午戌日退之。

诗曰：劝君百事可随缘，水到渠成顺自然。

莫叹年尾不如头，喜适新运称心怀。

【又考】此日病者，五脏疼痛，四肢寒热，因往西南方撞遇伤亡作祸，四六十日退。

【再考】戊午己未天上火，天王伤亡把祸作。

【又再考】戊午己未二日得病者，天符五道并南方北方上的邪神坛神为祸，三六九日退吉。

【江汉考】在西南方冲着披麻煞纠缠，使土地灶神不安。令病者发热、头痛口渴、胡言乱语、四体不安。

【犯方考】宅外或内原有古墓冲犯。

【吉凶考】己未难治。

【解法】用黄钱（用黄色纸代替）二百张、纸马、红船、水饭、生果、酒香纸向西南方祭拜，可送走阴神。

57. 庚申日

庚申日得病者，到西方竹林受惊，罗孔山神、三座大王为祸，三六九日退吉。

【又考】此日病者，在南方撞着罗孔山神洞主抢去生魂，宜速追祭，木局日即甲乙、亥卯未日退则吉。

诗曰：艰难险阻路溪跷，南鸟孤飞依此巢。

今日贵人会识面，相逢却在夏秋交。

【再考】庚申辛酉石榴木，傩神坛神祭有福。

【又再考】庚申辛酉二日得病者，公安邪神家先为祸，三六九日退。若加重则有凶。

【江汉考】在西南方冲着诅咒鬼纠缠，灵官降罪所致。令病者发冷发热、头昏眼花、咳嗽不安。

【犯方考】南方壁头堆物有冲犯。

【吉凶考】庚申不妨。

【解法】用黄钱（用黄色纸代替）五百张、纸马、红船、水饭、生果、酒香纸向西南方祭拜，可送走阴神。

58. 辛酉日

辛酉日得病者，三座天蜡傩神山鬼为祸，亥卯未日宜退则吉。

诗曰：百端事出虑谁长，莫听人言自主张。

一着仙机君记起，纷纷闹里更思量。

【又考】此日病者，浑身沉重，傩神山神为祸，祭之则吉。

【再考】庚申辛酉石榴木，傩神坛神祭有福。

【又再考】庚申辛酉二日得病者，公安邪神家先为祸，三六九日退。若加重则有凶。

【江汉考】在西方冲着金鸡大煞、天罗地网、五鬼凶煞纠缠，令病者头痛眼花、发热、胡言乱语、四体不安。

【犯方考】南方宅外灶土有冲犯。

【吉凶考】辛酉难治。

【解法】用白米一盆，白钱（用白色纸代替）四百张、纸马、红船、水饭、生果、酒香纸向西方祭拜，可送走阴神。

59. 壬戌日

壬戌日得病者，天符蜡愿水伤亡鬼作祟，申子日退则吉。

诗曰：门衰户冷苦零丁，只叹新求无一灵。

幸有祖宗阴德在，香烟莫断续有人。

【又考】此日病者，寒热交加，家先净神、灶神百口伤亡车神为祸，一五七日退吉。

【再考】壬戌癸亥大海水，土地坛神伤亡鬼。

【又再考】壬戌癸亥二日得病者，是家先容为祸，三六九日退吉加凶。

【江汉考】在西北方冲着飞天披头煞、白虎鬼、朱雀星、口舌血刃煞纠缠，令病者头痛眼花、发热呕吐、胡言乱语、肚腹时痛、四体不安。

【犯方考】墙基石有冲犯，旧愿不明。

【吉凶考】壬戌主死。

【六甲得病凶日考】壬戌癸亥恐土埋。

【解法】用白米一盆，五色钱（用五色纸代替）各三百张、纸马、水饭、生果、酒香纸向西北方祭拜，可送走阴神。

60. 癸亥日

癸亥日得病者，当境土地伤亡坛神为祸，水局日即壬癸申子辰日退则吉利也。

诗曰：何必抽签问音信，病退之时要理论。

若是病加有大祸，六甲穷日无路奔。

【又考】此日病者，百口伤亡为祸，祭之可保平安。

【再考】壬戌癸亥大海水，土地坛神伤亡鬼。

【又再考】壬戌癸亥二日得病者，是家先容为祸，三六九日退吉加凶。

【江汉考】在西北方冲着当年太岁、外来男女鬼、服毒难产鬼纠缠，家神作祟，地主不安，令病者头痛发热呕吐、四体疼痛不安，腹胀。

【犯方考】灶府不安，动土有冲犯。

【吉凶考】癸亥主死。

【六甲得病凶日考】壬戌癸亥恐土埋。

【解法】用白米一盆，白钱（用白色纸代替）五百张、纸马、水饭、生果、酒香纸向西北方祭拜，可送走阴神。

注：1. 步地神即游散于各山野的野游神，如山鬼邪魔妖鬼之类。

2. 坛神即有师人供香火之神，如仙娘坛、老司坛、草鬼婆坛，山神坛等。

3. 天符、天蜡即诸天之神，要燃天蜡来解洗三十六条、日月车祖神（不青内不青忙）、雷神（棍牵）等。

4. 家先即家祖，苗族的家先包括椎牛、吃猪、敬家祖等神。

5. 罗孔大王即湖泊溪潭之鬼，如"归吾"之类的神。

6. 天王即本地的雅溪三大王爷等。

7. 水边伤亡鬼即水鬼。

8. 飞山即城步苗族自治县之杨家将，死后被封为飞山公安神，有飞山庙专门供奉，如"棍西卡、土排占腊"。

9. 三座指梅山神、马齿神（棍虐抽抓）、药神（棍嘎夏汝）等。

10. 傩神指三清傩、云霄傩、五通傩等。

11. 五音伤亡指本家及三代联姻亲戚六眷的伤亡鬼，要钉桃符、赶伤亡（洽向几崩斗）遣送才行。

12. 山鬼指无儿无女、无人供香水的孤老死魂。

13. 五道指五方路道之神，即是路道鬼。同时也指《三十六堂》神名中的"年闻五事、月闻五道"神。

14. 净愿多指斋神如一坛斋、三坛斋乃至十二桌二坛斋及保洞斋等。

15. 灶神指本家灶王爷，要谢灶才行。

16. 土府指其家在修筑建造时的日子冲犯土府、土禁、地隔、山隔等土神才招致的病灾，要谢土才行。

17. 青草瘟指《三十六堂》神名中的"青山大王、欧金罗阳大姓"神。

18. 白虎神指《三十六堂》神名中的"五方五色五脸白虎大煞"神，要赶白虎用纺车遣送才行。

19. 四官神指《三十六堂》神名中的"四官四姓"神，本为财神，但也管脚腿关节之病，要用猪脚筒骨来祭祀才行。

20. 抢魂指山鬼求食抢去魂魄，解救其法有喊魂、抢魂、赎魂、大赎魂、破岩打洞追魂等方式。

21. 冷坛神指没有香火供奉的那些被败冷落之坛神，由于没有香火供奉，其神饥寒交迫，如同散兵游勇，到处寻机抢魂求祭。

22. 阴神，就是鬼。

23. 男女阴神，即男鬼女鬼。

24. 神煞，即是不良的因素、灾难祸害的代名词。

25. 回殃煞，指回头的灾难。

26. 咒诅鬼，指毒言中伤。

27. 江流大煞，指能使人溺水身亡的环境和因素。

28. 花精，指沉溺酒色而遭灾祸的因素。

29. 乌鸦精，指多口多嘴乱说教唆挑拨关系的是非。

30. 血刃煞，容易遭伤灾流血的因素。

31. 五方阴神，即东南西北中五方的鬼神。

32. 游荡阴神，指飘浮不定的游荡鬼。

33. 无主孤魂，指没有儿女无有香火供奉的死魂。

34. 无祀孤魂，指没有香火敬供的鬼魂。

35. 枉死鬼，指非正常死亡、不该死亡的人，

36. 行瘟使者，指发布瘟疫的不良因素。

37. 刀兵阴神，指战斗死亡的鬼魂。

38. 大杀阴神，指被杀头枪打死的鬼魂。

39. 五鬼，泛指专门从事幕后使坏的各种小人。

40. 杀阴神，指专杀女人的鬼魂。

41. 地主神，指土地神。

七、十二地支日得病吉凶的看法

1. 子（鼠）

凡属地支逢着子日得病者，主头痛心烦，冲撞着庙神，以及家先不安。三四八日退吉稻，宜求福禳解保吉，板木不全，只有三块。

【又考】子丑日得病者，家先天王山神为祸，寅辰日小退，午日大退

【板木考】板木四片，哭声动。

（又板木考）五板一块不全，魂不全。

【再考】子日病者主死，如四肢烦恼，主犯五道游神，家先有愿未还，父

母伤亡，血光等犯，看寅卯二日可退，宜送之大吉。

（可考虑）丑未日刑冲，申辰日三合会，丑日六合。

2. 丑（牛）

凡属地支逢着丑日得病者，男轻女重，日轻夜重，寒热不安，伤亡为祸，申酉戌日退吉加凶，宜速遣送，主人可保大吉利也。

【又考】子丑日得病者，家先天王山神为祸，寅辰日小退，午日大退。

【板木考】板木二块，无妨。

【又板木考】五板三块不死主退财。

【再考】丑日病者，男女沉重、头脑不清、四肢寒冷，主犯五道神祇，庙中信愿未还，怕牛日加重，过申卯二日可退。

（可考虑）未午日刑冲、巳酉日三合会、子日六合。

3. 寅（虎）

凡属地支逢着寅日得病者，头痛心烦、男轻女重、不思饮食、时加时退，有净愿灶神，南方土地，家有旧愿未还，亥卯未日退吉，若加重则宜速安还方保无虞。

【又考】寅卯日病者，家先五道山神伤亡宅神为祸，巳日小退，申日大退。

【板木考】板木三块，大人重，小人轻，无妨事也。

【又板木考】五板六块不死回送大古。

【冉考】寅日病者，男轻女重、四肢沉重、大小便不道'寒热心慌，家先坛神土地勾引五路游司白虎，南方神庙，过巳未工可退。

（可考虑）申巳日刑冲、午戌三合会、亥日六合。

4. 卯（兔）

凡属地支逢着卯日得病者，四肢发热，咳吐不已，连亲伤亡外道四山神和家先净愿灶神，巳亥日退，宜设送可好，若加重则有凶。

【又考】寅卯日病者，家先五道山神伤亡宅神为祸，巳日小退，申日大退。

【板木考】板木只有一块，大吉。

【又板木考】五板四块全沉重。

【再考】卯日病者，男女沉重、主头痛、手足寒冷、肚腹疼，主犯树木之神，五姓鬼类愿信不明，家内之鬼为重，能过申酉二日可退大吉。

（可考虑）酉辰日刑冲、亥未三合会、戌日六合。

5. 辰（龙）

凡属地支逢着辰日得病者，心气头痛、四肢作热、庙神有愿，白虎伤亡入宅，子寅日退，宜设送方保，若加有凶也。

【又考】辰巳日得病者，庙神家先三师鬼五道伤亡为祸，九死一生，午戌日可退。

【板木考】板木四片，哭声恸。

【又板木考】五板啼哭凶难好。

【再考】辰日病者，主头痛、四肢寒热、烦恼不安、茶饭不思，主犯家先伤亡之鬼，过午未二日可退。如加祈福保之，过子丑二日好。

（可考虑）戌辰日刑冲、子申三合会、酉日六合。

6. 巳（蛇）

凡属地支逢着巳日得病者，不思饮食，头病呕吐，天会北斗，净愿冷坛、家先姊妹伤亡为祸，寅午日退，若加重则宜速设送方保无事也。

【又考】辰巳日得病者，庙神家先三师鬼五道伤亡为祸，九死一生，午戌日可退。

【板木考】板木二块，无妨。

【又板木考】五板四块全难好。

【再考】子巳日病者，心慌烦乱，四肢沉重，犯少年之鬼，白虎入宅，先祖不安，亥午二日防加重，过戌日可退，宜送之。

（可考虑）亥寅日刑冲、西丑三合会、申日六合，先好后坏。

7. 午（马）

凡属地支逢着午日得病者，九死一生，十分沉重，鬼出庙神，伤亡水邪，抢去魂魄，亥日可退，宜追魂遣送方保吉，免去哭声。

【又考】午未日病者，功曹山神、三座大王家先庙神河泊水鬼为祸，寅戌日可退。

【板木考】板木三块，大人重，小人轻，无妨事也。

【又板木考】五板四块主凶。

【再考】午日病者，心腹疼痛、四肢不安、浑身发热，主犯福神（家先福德正神）引鬼入宅，刀兵难产鬼为害，茶饭不思，过酉戌二日可退。

（可考虑）子丑日刑冲、寅戌三合会、未日六合。

8. 未（羊）

凡属地支逢着未日得病者，先年天王有愿未还，家先外道坛神伤亡，东方有一女鬼求食，巳日退，求神可保，若加重恐凶。

【又考】午未日病者，功曹山神、三座大王家先庙神河泊水鬼为祸，寅戌日可退。

【板木考】板木只有一块，大吉。

【又板木考】五板三块退财。

【再考】未日病者，腰背寒冷、心肺染患、身体沉重，主犯灶神先亡客鬼咒诅，庙中愿信未还，五道伤亡为害，子丑二日可退，若加重将会拖延。

（可考虑）丑子日刑冲、卯亥三合会、午日六合。

9. 申（猴）

凡属地支逢着申日得病者，发寒呕吐，家先灶神不安，天会北斗有愿不明，外道伤亡为祸，巳午日退，宜速酬谢安送保吉，若加重必主久缠。

【又考】申酉日病者，灶神河泊水官五道为祸，寅卯日退，不加重即好，若加重则拖延。

【板木考】板木四片，哭声动。

【又板木考】五板三块可好。

【再考】申日病者，头痛心闷，主犯阴差阳错，本境城隍土地、差吊颈之鬼为难，毛人替代，祈福保安，亥子二日可添一半退一半，巳日可松。

（可考虑）寅巳日刑冲、子辰三合会、巳日六合，先好后坏。

10. 酉（鸡）

凡属地支逢着酉日得病者，咽喉肿痛、头痛、呕吐、乍寒乍热；水边得病，是五道坛神作祸，寅午日退，宜速送之大吉。

【又考】申酉日病者，灶神河泊水官五道为祸，寅卯日退，不加重即好，若加重拖延。

【板木考】板木二块，无妨。

【又板木考】五板六块全，啼哭凶难。

【再考】酉日病者，头痛心慌，眼花无力，主犯四季瘟疫、难产伤亡、四山之鬼为害，在子丑二日退送大吉。

（可考虑）卯戌日刑冲、巳丑三合会、辰日六合。

11. 戌（狗）

凡属地支逢着戌日得病者，四肢无力，乍寒乍热，有先亡勾引五道庙神，并及四方伤亡，呼神叫鬼，起病急急，求神祭送，辰巳日退吉。

【又考】戌亥日病者，四体寒热，客亡野鬼司命土地家先为祸，辰巳日可退，求祭可好也。

【板木考】板木三块，大人重，小人轻，无妨事也。

【又板木考】五板四块沉重。

【再考】戌日病者，男轻女重、头痛、发冷发热、不安，主犯坛神为祸，若巳寅午三日可退送无妨。

（可考虑）辰未丑日刑冲、午寅三合会、卯日六合。

12. 亥（猪）

凡属地支逢着亥日得病者，男轻女重，九死一生，有过路庙神并及家先勾引白虎土地，抢去魂魄为祸，午戌日退吉，若加重则有凶，宜速祭送追魂，若不遣送追取，已有恐凶。

【又考】戌亥日病者，四体寒热，客亡野鬼司命土地家先为祸，辰巳日可退，求祭可好也。

【板木考】板木只有一块，大吉。

【又板木考】五板六块全大凶。

【再考】亥日病者，男重女轻、脾肾胃不和、手足无力、乍寒乍热，主犯坛神土地，勾引游司白虎为祸，看寅卯二日可退否，若加将会拖延一段时间。

（可考虑）巳亥日刑冲、卯未三合会、寅日六合。

见下图式：

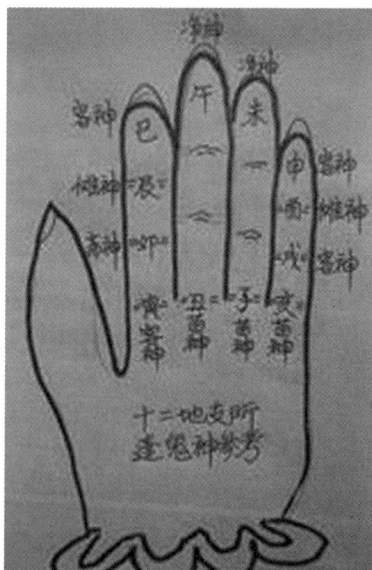

十二地支得病所逢鬼神掌

八、十二地支得病伤心日

诗曰：

子午卯酉病人凶，寅申巳亥神相冲。辰戌丑未无妨事，依此断得生死中。

又曰：

辰戌丑未是土地，寅申巳亥是坛神。子午卯酉是愿信，亥巳日时是水神。

九、十二时辰得病吉凶的看法

1. 子时得病断

子时得病的情形，四山之鬼入门庭。

男女病者丰沉重，五道游可与龙神。

若定不还来问病，求神拜佛也难宁。

2. 丑时得病断

丑时得病的情形，哭声惊动鬼游神。

朱雀白虎当头坐，十人遇着九人愁。

又遇冤家害人鬼，男女替代保安宁。

3. 寅时得病断

寅时得病的情形，乃是北方古墓神。

常在家中多作怪，又防时气到家庭。

神前旧愿未还了，还了之后得安宁。

4. 卯时得病断

卯时得病的情缘，东方有个鬼来害。

西方有个小儿怪，火化女尸在门前。

灶上一块四方石，家神不安已多年。

5. 辰时得病断

辰时得病的底细，东方古墓与庙神。
北方有个倒土地，五道先亡也来摧。
来害你家鸡和鸭，送些蛇蛙到家门。

6. 巳时得病断

巳时得病的情由，土神作怪在床头。
还有一个落水鬼，家神枉安在壁头。
请师把他遣送了，保佑全家乐滋滋。

7. 午时得病断

午时得病的情言，北方土地在门前。
要防是非及火盗，家神旧愿未曾还。
速请师人还旧愿，保佑安康和旺财。

8. 未时得病断

未时得病的情缘，北方水土有侵犯。
西方游司并五道，白虎入宅又来缠。
谨防牛马六畜退，又防人口有祸灾。

9. 申时得病断

申时得病的情缘，福神香火有牵连。
西方山神土地鬼，损了六畜又损财。
东方游司五道鬼，遣送之后保安然。

10. 酉时得病断

酉时得病的情形，北方有个冷坛神。
西方有个白虎鬼，引鬼入宅来害人。
这是吊颈伤亡鬼，替代送明保安宁。

11. 戌时得病断

戌时得病的情形，却是南方五道神。
又有北方水下鬼，砍折古墓树一根。
家神香火不安在，谨防小人与灾星。

12. 亥时得病断

亥时得病的情形，鬼在门前听得真。
白虎庙神夜光鬼，山神野鬼古墓魂。
男女要想病得好，香独钱纸敬神灵。

图式:

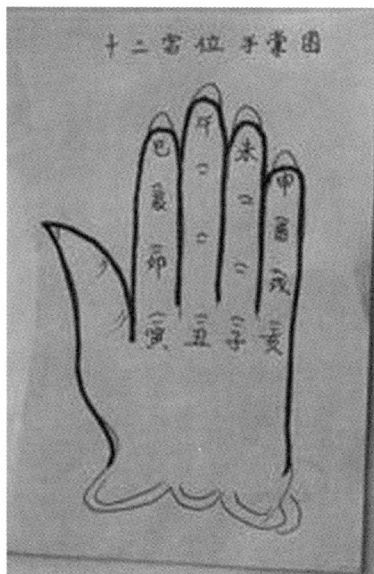

十二宫位手掌图

十、报时看病吉凶法

1. 亥子丑时属水主一五七日退
水乃北方水瘟神，龙君三胜水鬼冷。
溪源塘边落水鬼，巡河夜叉灶司命，
呕吐心痛又喘气，脚冷头痛不安宁。
应在申子辰日退，设送祭谢保太平。
2. 寅卯时属木主二四八日退
木生东方五道神，家神土地来勾斗。
飞天白马与三牲，伤亡咒诅鬼临门。
冷坛五道游司鬼，病者心痛两肋疼。
亥卯未日有反应，设送之后自安宁。

3. 午未时属火主三七日退

火主家神定不安，许下愿信未酬还。

枉死血光咒诅鬼，伤亡火化在东南。

病者发热常口渴，头痛眼花血气衰。

三胜毛人来代替，设送方可保平安。

4. 申酉时属金主四九日退

申酉西方并白虎，五道行瘟七郎君。

治病又遇马王鬼，五庙司瘟太子神。

男轻女重骨头痛，旧愿打抚不安宁。

巳酉丑日可退否，微寒方可送出门。

5. 辰丑戌时属土主二五十日退

土主五道夜游神，岩崩树打土壮魂。

抛荒冷坛吊颈鬼，肚痛气短鬼摧命，

脸面黄来四体软。辰戌丑日看分明。

若还旧愿病可退，茅船一只送瘟神。

以病人的生时所最忌得病的凶月：

子时生人忌冬月得病。　　　　　丑时生人忌腊月得病。

寅时生人忌正月七月得病。　　　卯时生人忌二月八月得病。

辰时生人忌三月九月得病。　　　巳时生人忌四月七月得病。

午时生人忌五月为月得病。　　　未时生人忌六月腊月得病。

申时生人忌正月七月得病。　　　酉时生人忌二月八月得病。

戌时生人忌三月九月得病。　　　亥时生人忌四月十月得病。

十一、六壬掌断病吉凶的看法

歌曰：正七留连起初一，二八速喜起初一，三九赤口起初一，

四十小吉起初一，五冬空亡起初一，六腊太安起初一。

方法：共有六位星神，其顺序是：（1）留连。（2）速喜。（3）赤口。（4）小吉。（5）空亡。（6）太安。

数法只论月份，不论节气，按歌诀法从初一顺数，满 6 之后又重数，直

到月底为止，看得病日值什么星神则按什么星神断就行了。

例子：比如第一句歌诀所说的"正七留连起初一"，凡是正月、七月的初一为留连日，一路顺数过去，即是初一留连、初二速喜、初三赤口、初四小吉、初五空亡、初六太安，初七又转到留连了。

1. 留连日断

断病：留连日得病者，大病是傩神、公安、诸天、罗孔、天王为祸，木局日如亥卯未日退吉，若加宜追魂以保吉，若加犯旗创。

【又考】二八月初一日起留连，属火主北方冷水三胜与孤魂，二八日申酉时退。

2. 速喜日断

速喜日得病者，大病是天王，小病伤亡、公安神为祸，水局日如申子辰日退吉，若加可祭山神保吉，若加犯肉汤。

【又考】三九月初一日起速喜，属火，主南方火神冷坛，宅神不安，家有愿信未还，二五八日寅午戌时退。

3. 赤口日断

赤口日得病者，大病是麻阳、三座、天王，小病是土地、外伤亡为祸，火局日如寅午戌日退，若加犯刀割。

【又考】四十月初一日起赤口，属金，主西方庚辛三胜勾引愿信，二六九日申子辰时退。

4. 小吉日断

小吉日得病者，大病是天蜡、思南国主，小病是土地、伤亡、坛神为祸，辰戌丑未土局日退，若加有凶，犯木局（木克土也），春凶冬吉。

【又考】五冬月初一日起小吉，属木，主东方行瘟五道坛神，香火不安，一五七日申酉戌时退。

5. 空亡日断

空亡日得病者，大病禳星，小病南方土地、土局土王为祸，土局日退，若加重则有凶犯空亡。

【又考】六腊月初一日起空亡，属土，主家中土地不安，宅神勾引亡人，主一五七日寅午子丑时退。

6. 太安日断

太安日得病者，大病净愿，小病家先，伤亡为祸，金局日退吉加凶，可祭傩神诸天保吉，犯平阳。

【又考】正七日初一日起太安，属木，主东方五道神，一五七日申酉戌时退。

六壬掌又叫留连掌，共有小六壬和大六壬两种推算法，其中小留连是乡村用的，大留连是城市用的。

小留连的口诀是：

正七留连，二八速喜，三九赤口，四十小吉，五冬空亡，六腊太安起初一。

大留连的口诀是：

正七太安，二八留连，三九速喜，四十赤口，五冬小吉，六腊太安起初一。

为了使读者一目了然，下面将这些日子分别列出，下面是以小留连为据来推算的，以供参考（依据小六壬掌所推算出来的日子）。

1. 属于留连的日子

正月、七月的初一、初七、十三、十九、廿五日。

二月、八月的初六、十二、十八、廿四、三十日。

三月、九月的初五、十一、十七、廿三、廿九日。

四月、十月的初四、初十、十六、廿二、廿八日。

五月、冬月的初三、初九、十五、廿一、廿七日。

六月、腊月的初二、初八、十四、二十、廿六日。

2. 属于速喜的日子

二月、八月的初一、初七、十三、十九、廿五日。

三月、九月的初六、十二、十八、廿四、三十日。

四月、十月的初五、十一、十七、廿三、廿九日。

五月、冬月的初四、初十、十六、廿二、廿八日。

六月、腊月的初三、初九、十五、廿一、廿七日。

正月、七月的初二、初八、十四、二十、廿六日。

3. 属于赤口的日子

三月、九月初一、初七、十三、十九、廿五日。

四月、十月初六、十二、十八、廿四、三十日。

五月、冬月初五、十一、十七、廿三、廿九日。

六月、腊月初四、初十、十六、廿二、廿八日。

二月、八月初二、初八、十四、二十、廿六日。

正月、七月初三、初九、十五、廿一、廿七日。

4. 属于小吉的日子

四月、十月初一、初七、十三、十九、廿五日。

五月、冬月初六、十二、十八、廿四、三十日。

六月、腊月初五、十一、十七、廿三、廿九日。

正月、七月初四、初十、十六、廿二、廿八日。

二月、八月初三、初九、十五、廿一、廿七日。

三月、九月初二、初八、十四、二十、廿六日。

5. 属于空亡的日子

五月、冬月初一、初七、十三、十九、廿五日。

六月、腊月初六、十二、十八、廿四、三十日。

正月、七月初五、十一、十七、廿三、廿九日。

二月、八月初四、初十、十六、廿二、廿八日。

三月、九月初三、初九、十五、廿一、廿七日。

四月、十月初二、初八、十四、二十、廿六日。

6. 属于太安的日子

六月、腊月初一、初七、十三、十九、廿五日。

正月、七月初六、十二、十八、廿四、三十日。

二月、八月初五、十一、十七、廿三、廿九日。

三月、九月初四、初十、十六、廿二、廿八日。

四月、十月初三、初九、十五、廿一、廿七日。

五月、冬月初二、初八、十四、二十、廿六日。

图式:

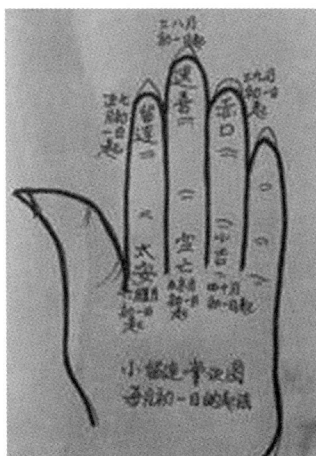

六壬掌得病日期图

十二、以男人女人为依据来推算六壬患病日

[推算方法]

男人从留连起每月的初一日顺推至得病日，所值何宫便以何宫断词来断。

女人从太安起每日的初一日逆推至得病日，所值何宫便以何宫断词来断。

[断词]

1. 留连日断

留连属水，本日得病主是山王鬼、天符及瘟神，设送丰都去，向北方祭之，更有先亡、跌打伤亡为祸，宜禳送可也。

2. 速喜日断

速喜属火，本日得病主是天曹净愿，本命星神太岁重，白虎冷水三胜，落水伤亡为祸，如设送可保平安。

3. 赤口日断

赤口属金，本日得病主是诅咒庙神、白虎与三胜，冷坛神并灶王土地，挖坑犯朱雀闹洋洋，宜设送大吉。

4. 小吉日断

小吉属木，本日得病主是愿信未还，福神不安，土地伤亡、太岁、五瘟、龙神香火，土府不安，宜谢土并还旧愿大吉。

5. 空亡日断

空亡属土，本日得病主是，丧车庙王神，门外叫沉沉，落水先亡鬼，归入伯叔神，坛神并土地，勾引金甲神，向北方禳送保太平。

6. 太安日断

太安属木，本日得病主是亡魂鬼、山神、土地并白虎、瘟神与土地坛神、太岁五瘟游司、四季行瘟神，宜用纸船送瘟疫可保治好。

图式：

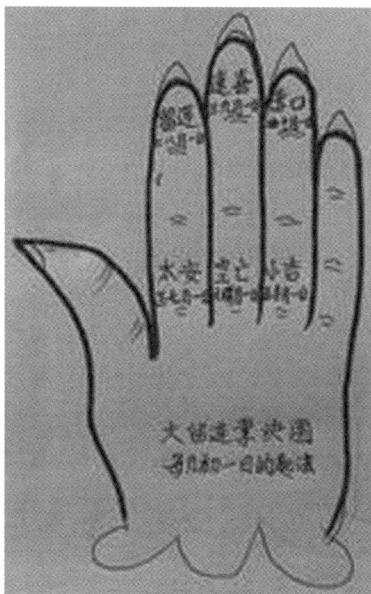

男女患病六壬掌

十三、五行日子得病的看法

1. 属金的日子，如甲子乙丑海中金之类

判曰：

金日得病是家先，寺观欠愿追不堪。

两神合作来勾引，多因骨肉有相缠。

系从西方回家宅，福神冷落少香烟。

【又考】

属金的日子得病，主西方庙神、伤亡白虎、净愿不明，酬还大吉。

【再考】

金日在西方，佛神有损伤。

三五有愿信，酬还保安康。

2. 属木的日子，如戊辰己巳大林木之类

判曰：

木日得病出东方，回到家中痛难当。

是逢木鬼来侵害，实为家先引伤亡。

若能请师来退送，祛病脱体自安康。

【又考】

属木的日子得病，主东方庙神，白虎吊颈伤亡，有愿未还，送之大吉。

【再考】

木日在东方，福神愿来伤。

血光家内鬼，又来作祸殃。

3. 属水的日子，如丙午丁未天河水之类

判曰：

水日得病实可怜，因从北方病回转。

江头落水伤亡鬼，遇着水邪把身缠。

速请师人来解送，拨开云雾见青天。

【又考】

属水的日子得病，主北方冷坛神，三胜游司动土，愿信未还，还之则吉。

【再考】

水日在北方，动土又修墙。

坛神同作怪，发愿许叩香。

4. 属火的日子，如甲辰乙巳佛灯火之类

判曰：

火日得病灶君神，勾引南方古坛神。

家中福神欠净愿，疮疾之灾反净神。

火速家中祈福愿，酬还良愿就安宁。

【又考】

属火的日子得病，主南方火神、五道行瘟、火化先亡、灶神不安。

【再考】

火日在南方，血光火化伤。

五道灯烛愿，又有司命光。

5. 属土的日子，如庚午辛未路旁土之类

判曰：

土日得病土府神，有犯土府祸来侵。

东方惊恐得病转，吊颈披头是女人。

山神木鬼没人祭，酬祭谢土就安宁。

【又考】

属土的日子得病，主中宫土地不安，瘟疫为害，谢土送之大吉。

【再考】

土日在中央，瘟疫时气伤。

灶神来作怪，小神有犯方。

十四、四季丧车日

诗曰：

丧车春猪夏鼠排，秋兔冬马防丧灾。

病者若是逢此日，速宜急去备棺材。

每月逢戊是鬼哭，不哭生命要哭钱。

纵有良药恐难救，大限来时痛哀哀。

十五、特殊病灾日子的看法

诗曰：

单日得病先发热，双日得病主心寒。

若逢丙子人难好，壬寅甲午庚午连。

辰戌天罗犯地网，甲寅乙卯入黄泉。

丙申睡到枕头歪，甲辰逢水下高滩。

甲戌火坑烧到脚，癸巳衣鞋可早穿。

丁酉鬼神一朝进，十人得病九凶难。

十六、四季天干、地支得病凶日的看法

1. 四季天干得病凶日
诗曰：
春逢戊己夏庚辛，秋逢甲乙冬丙丁。
四季若逢壬癸日，多是黄泉路上人。
2. 四季地支得病凶日
诗曰：
春逢酉日是黄砂，夏日逢未灾星大。
秋逢兔日冬遇亥，斯人得病回老家。
3. 四季得病伤心日
诗曰：
春寅夏卯锁不开，秋辰冬亥不转来。
得病若是逢此日，准备钱去买棺材。

十七、病者命之五行断病的看法

诗曰：
木人亥日多困死，火人戌上定遭殃。
金人丑日难逃命，水土逢申立见亡。
又曰：
金命生人莫逢丑，乙丑得病主大凶。
火命生人莫逢戌，甲戌病者入幽冥。
土命生人莫逢辰，丙辰病者大凶人。
水命生人莫逢壬，木命生人亥不生。

十八、六甲黄泉日的看法

诗曰：

六十甲子有吉凶，病人逢此遇大限。

若逢乙亥人难好，壬申庚午病主难。

甲寅乙卯归阴去，辰戌二日赴黄泉。

丙申甲辰难痊愈，甲戌癸巳哭连天。

丁酉一病难再起，十人得病九人哀。

十九、得病日禄马正斜倒的看法

1、6、	2、7、	3、8、	4、9、	5、10、
11、16、	12、17、	13、18、	14、19、	15、20、
21、26、	22、27、	23、28、	24、29、	25、30

正五九月：倒禄困马、正禄困马、正禄困马、倒禄困马、正禄倒马。

二六十月：倒马正禄、困禄困马、倒马困禄、正马困禄、正马倒禄。

三七冬月：正禄困马、倒禄正马、困禄困马、困禄困马、正禄倒马。

四八腊月：倒马困禄、倒马困禄、困禄困马、正马困禄、正马倒禄。

判曰：

马立生人病无妨，马倒难留在世上。

横马有救人可活，禄倒收拾入墓堂。

禄困病重不丧命，禄正病人可吉昌。

此法通天并地理，先人留下可弘扬。

注：禄为食粮，马为气力。禄倒粮尽，马倒了命。每从月份数去，五天为一轮，周而复始，直到月底，数到得病之日，看病人的禄马怎样来判断病之吉凶。

图式：

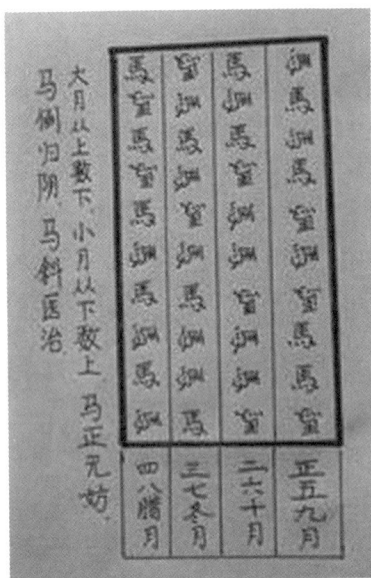

看禄马正斜倒之图一

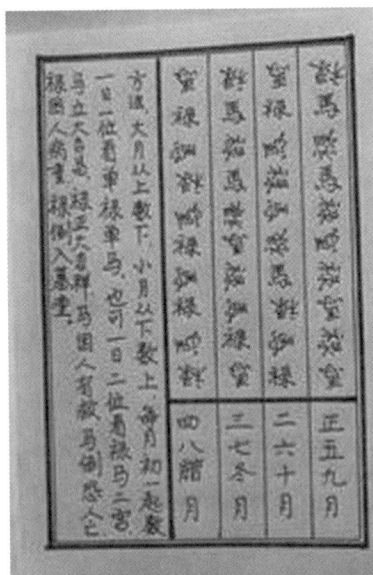

看禄马正斜倒之图二

二十、得病日身正身困身倒的看法

1、　2、　3、　4、　5、　6、　7、　8、　9、　10、
11、　12、　13、　14、　15、　16、　17、　18、　19、　20、
21、　22、　23、　24、　25、　26、　27、　28、　29、　30

正五九月：正身、倒身、困身、正身、困身、困身、困身、正身、困身、正身。

二六十月：困身、正身、困身、倒身、困身、困身、倒身、正身、困身、倒身。

三七冬月：正身、困身、倒身、正身、倒身、正身、倒身、正身、困身、正身。

四八腊月：正身、倒身、正身、困身、正身、困身、困身、正身、倒身、困身。

判曰：

身倒人病重，身困病平平。

身正全无碍，祈福保安宁。

图式：

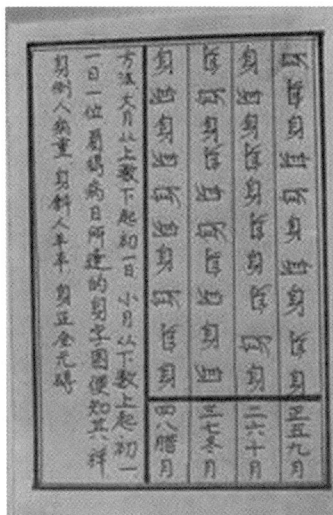

身正身倒图一

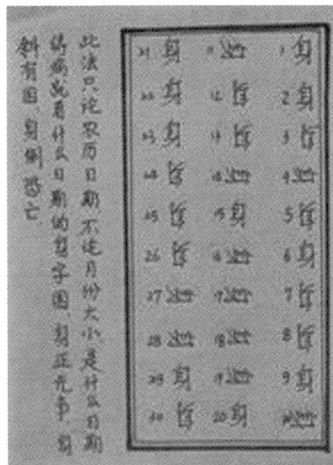

身正身倒图二

图式：

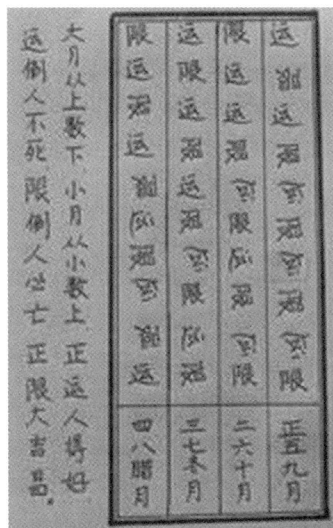

运限吉凶图一

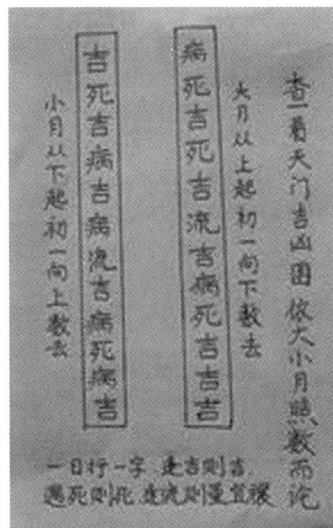

看得病日之病、吉、死图

二十一、建除十二神得病日的看法

1. 建日痛者

建日得病，男轻女重，九死一生，家先庙神伤亡百口神为祸。

【再考】

本日得病，主家有信愿，伤亡土地诅咒。

［又断曰］

建除日病男女重。

2. 除日病者

除日得病，男轻女重，九死一生，家先福神瘟司灶神百口为祸。

【再考】

本日得病，主五道星晨禳祈可好男轻女重。

［又断曰］

建除日病男女重。

3. 满日病者

满日得病，家先邪神天王大神为祸。

【再考】

本日得病，主家神不安，土地咒诅男女主凶。

［又断曰］

满日男女俱困灾。

4. 平日病者

平日得病，家先伤亡土地坛神四官大神为祸。

【再考】

本日得病，主家神伤亡，五道投河，男女主凶。

［又断曰］

平日男女病无妨。

5. 定日病者

定日得病，家先伤亡山鬼洞神天仙香火为祸。

【再考】

本日得病，主伤亡鬼犯本命元辰，男女主重。

［又断曰］

定日男女俱沉重。

6. 执日病者

执日得病，罗孔山鬼庙神家先为祸。

【再考】

本日得病，主庙神土地，飞山将军，男女无妨。

［又断曰］

执日男轻女病重。

7. 破日病者

破日得病，男女俱重，家先司命不安，庙神瘟司为祸。

【再考】

本日得病，主庙神司命，家先不安，男女有困。

［又断曰］

执日男轻女病重，破日男困女人重。

8. 危日病者

危日得病，外鬼伤亡师主为祸。

【再考】

本日得病，主灶神土地，游司行瘟五道，男女俱重。

［又断曰］

危日男女俱病重。

9. 成日病者

成日得病，山江傍石大王五道山鬼四官家先祖师为祸。

【再考】

本日得病，主五道山神，诅咒空亡，男女不妨。

［又断曰］

成日男女病俱轻。

10. 收日病者

收日得病，三座庙神家发伤亡为祸，祭送可好。

【再考】

本日得病，主山王土地，父母不安，男轻女重。

［又断曰］

收日男女病俱凶。

11. 开日病者

开日得病，九死一生，事情复杂，宅中土府家先四官瘟司伤亡为祸。

【再考】

本日得病，主土地家神有愿未还，男女不妨。

［又断曰］

开日男女俱无事。

12. 闭日病者

闭日得病，九死一生，外有旧愿，伤亡白虎祭送三六九日退。

【再考】

本日得病，主家神坛神咒诅，男轻女重。

［又断曰］

闭日男女俱沉重，此是看病真要诀。

歌录句断日：

建除日病男女重，满日男女俱困灾。

平日男女病无妨，定日男女俱沉重。

执日男轻女病重，破日男困女人重。

危日男女俱病重，成日男女病俱轻。

收日男女病俱凶，开日男女俱无事。

闭日男女俱沉重，此是看病真要诀。

注：1. 十二神起法：正月建寅，二月建卯，三月建辰，四月建巳，五月建午，六月建未，七月建申，八月建酉，九月建戌，十月建亥，冬月建子，腊月建丑。

2. 十二神分别是：建、除、满、平、定、执、破、危、成、收、开、闭。

3. 正月建寅即是正月内属寅的日子为建神，从寅日按十二神顺序一路数去，到得病日，逢什么神就依什么神断。

图式：

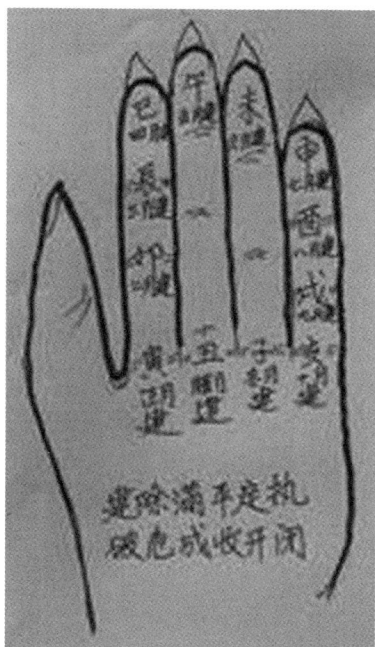

建除十二神得病吉凶图

二十二、四宫日得病的看法

　　　　　　巳宫　　　午宫　　　　未宫　　　　申宫

每月都从巳宫起初一顺数到初四，即初一巳、初二午、初三未、初四申。

初五又转到巳，即初五巳、初六午、初七未、初八申。

如此周而复始：9、13、　　　10、14、　　11、15、　　12、16、

　　　　　　　　17、21、　　18、22、　　19、23、　　20、24、

　　　　　　　　25、29、　　26、30、　　27、　　　　28

　　　　　　　　只用四数，故名四宫日。

断曰：

1. 巳宫日：留连得病转留连，此日多为坛神、灶神、土地、麻阳神为祸。

2. 午宫日：顺日得病半月眠，此日多为无鬼。

3. 未宫日：恶日得病有人救，此日多为空亡、天王为祸。

4. 申宫日：脱日得病走黄泉，此日多为山神、罗孔为祸。

图式：

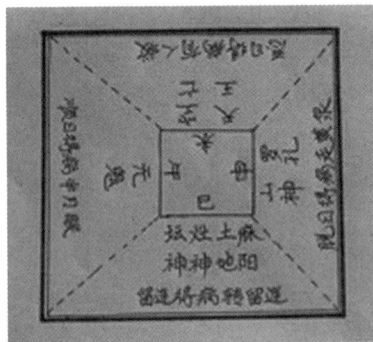

四宫日得病吉凶图

二十三、板木底盖日得病的看法

其法：男从盖字起初一顺数，女从底字起初一逆行，遇吉则吉，遇底遇盖则凶。

顺序：1. 盖；2. 吉；3. 底；4. 吉。

诗曰：南斗高来北斗低，病人床上受抓栖。

　　　莫数吃了黄泉水，身入黄泉路不回。

图式：

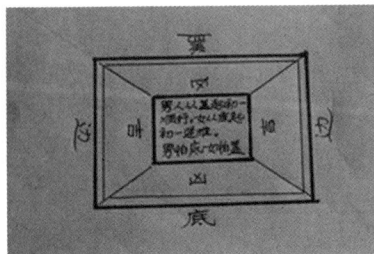

看板木底盖得病吉凶图一

图式：

看板木底盖得病吉凶图二

二十四、生老病死煞日得病的看法

1. 逢生的日子得病吉凶
每月逢 21、22、27 此三日得病者无妨事，自会好，主吉利。
2. 逢老的日子得病吉凶
每月逢 5、6、24 此三日得病者，主留连难好，但终将无事。
3. 逢病的日子得病吉凶
每月逢 3、4、7、12 此四日得病者，沉重难好，有神保佑则吉。
4. 逢死的日子得病吉凶
每月逢 1、2、8、14、20、27、28、29、30 此九日得病者，恐主有凶，小口难好。
5. 逢煞的日子得病吉凶
每月逢 9、11、13、25 此四日得病者，主凶及有小口之灾。

二十五、枯焦日得病的看法

断曰：
正五九月龙下水，属龙(辰)的日子。
二六十月牛下滩，属牛(丑)的日子。
三七冬月犬吠走，属狗(戌)的日子。
四八腊月羊头眠，属羊(未)的日子。
病者若遇枯焦煞，十人得病九黄泉。

二十六、黄砂日得病的看法

断曰：
春逢酉日是黄砂，正二三月逢酉(鸡)日。
夏日逢未是马家，四五六月逢未(羊)日。
秋在兔头黄砂是，七八九月逢卯(兔)日。
冬在亥日莫医他，十冬腊月逢亥(猪)日。

二十七、命属五行得病的看法

断曰：
木命亥日多恐惶，火人戌日定遭殃。
金人丑日难逃命，水土逢申定入亡。

二十八、四季天干得病的看法

断曰：

春逢戊己夏庚辛，（春天木旺，戊己属土，旺木克死土。）

秋逢甲乙冬丙丁。（秋天旺金，金克甲乙，冬天旺水，水克丙丁。）

四季若逢壬癸日，（三、六、九、腊月属土，土克壬癸水也。）

便是黄泉路上人。

二十九、闫王日得病的看法

方法：大月从闫王起初一顺数而去，小月从寿元起初一逆数。

1. 大月顺数的日子

闫王（凶）、布施（凶）、长生（吉）、寿元（吉）、黄泉（凶）、六相（吉）。

1、7、	2、8、	3、9、	4、10、	5、11、	6、12、
13、19、	14、20、	15、21、	16、22、	17、23、	18、24、
25、	26、	27、	28、	29、	30。

2. 小月逆数的日子

寿元（吉）、长生（吉）、布施（凶）、闫王（凶）、六相（吉）、黄泉（凶）。

1、7、	2、8、	3、9、	4、10、	5、11、	6、12、
13、19、	14、20、	15、21、	16、22、	17、23、	18、24、
25、	26、	27、	28、	29。	

图式：

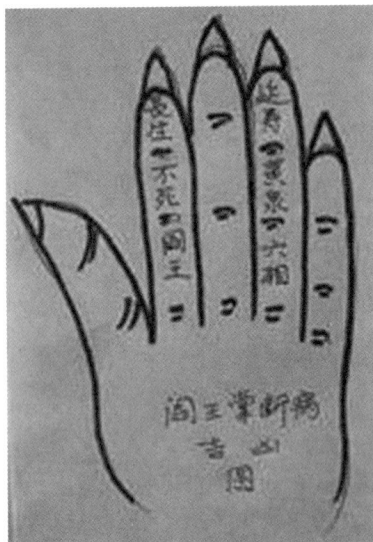

看病闫王掌

三十、得病归天日

诗曰：

甲寅乙卯命归天，甲辰乙巳返黄泉。

丙寅丁卯闫王叫，丙辰丁巳进棺材。

若逢丙子丁丑日，壬辰病者哭连连。

丙午丁未人必死，壬戌癸亥人必埋。

三十一、天干生人五行克命日得病大凶日

诗曰：

甲乙见金墓门开，丙丁见水哭哀哀。

戊己见木须防死，庚辛见火孝服穿。

壬癸见土难回转，病人不死必损财。

（例：甲乙日干或年干生的人若是在金日得病的话主凶，因为金克木之故。）

三十二、得病黄泉日

诗曰：

春逢甲乙夏丙丁，秋逢庚辛冬癸壬。

四季若逢戊己日，定是黄泉路上人。

又曰：

甲子戊申是地空，癸巳癸亥是黄泉。

丙子丁丑灾难重，甲申乙酉要好难。

加上癸巳和癸亥，若逢此煞泪难干。

三十三、得病罗星大凶日

诗曰：

每月初八下天门，金星初十又追魂。

二十一日罗星临，二十五日又逢轮。

若是得病逢此日，便是黄泉路上人。

（例：四季指三六九腊这四个月，以入节出节日支推算。）

三十四、得病逢鬼星大凶日

诗曰：

甲己之年是未申，乙庚之岁逢卯辰。

丁壬之年是亥子，戊癸之岁逢酉戌。

若是病逢鬼星日，十病九死不成人。

三十五、八卦日得病的看法

顺序：干、坎、艮、震、巽、离、坤、兑。

歌诀：

干居戌亥坎子宫，（属狗和猪的日子为干宫，属鼠的日子为坎宫。）

艮立丑寅震卯中。（属牛和虎的日子为艮宫，属兔的日子为震宫。）

巽在辰巳离午位，（属龙和蛇的日子为巽宫，属马的日子为离宫。）

坤点未申兑酉同。（属羊和猴的日子为坤宫，属鸡的日子为兑宫。）

1. 干宫得病断曰：

干宫得病东北方，神行兵马降瘟惶。

五土龙神未安谢，当坊土地不安康。

2. 坎宫得病断曰：

坎宫家中愿未明，勾引家下司命神。

门外有个家亡鬼，未曾超度祖先神。

3. 艮宫得病断曰：

艮宫得病主留连，家有净愿未曾还。

若要病体安宁好，除非还愿得安然。

4. 震宫得病断曰：

震宫得病主见凶，好似过河不顺风。

不如趁早修阴德，方知篷桅在浪中。

5. 巽宫得病断曰：

巽宫得病切本翻，反复祖神病在山。

方知马行千里雪，鱼儿难上九重滩。

6. 离宫得病断曰：

离宫得病冲提纲，冲破提纲寿年长。

白鹤飞在枯树上，方知金蝉打猎郎。

7. 坤宫得病断曰：

坤宫得病在眼前，忽然得病忽然眠。

一禳二解三推送，拨开云雾见青天。

8. 兑宫得病断曰：

兑宫得病一声雷，满天云雾散如飞。

云飞散见金鸟豕，五鬼加鞭似云飞。

图式：

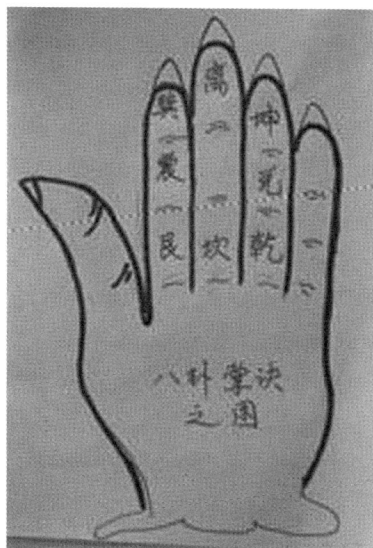

八卦日得病吉凶掌

三十六、先天八卦日得病的看法

顺序：干、兑、坤、离、巽、震、艮、坎。

推法：男从干卦起初一，顺行至得病日，看是何卦，即以何卦断之。

女从震卦起初一，顺行至得病日，看是何卦，即以何卦断之。

（注：女人应是坤卦起初一才时，因为干为男，坤为女也，为何用震呢？待考！）

图式：

坤	离	巽
兑		震
干	坎	艮

图式：

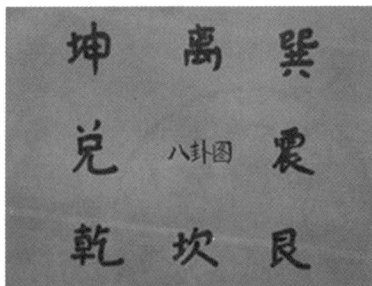

先天八卦得病日吉凶图

断曰：

1. 干卦断病

干卦日病者，头痛眼花、五脏不和、四肢骨节沉重、胸腹膨胀、呕吐，有犯天神福德净愿不明，家族亲血中有难产饿死鬼，伏尸石墓，刀伤落水伤亡为祸，家下灶神土地不安，净荤二愿不明，男轻女重，破财，宜遣送则吉。

2. 坎卦断病

坎卦日病者，心肠胀疼、泌尿有阻、呕吐下泻，是男子亲血光先亡作祸，手脚麻木、浑身潮热、不思饮食、呕吐咳嗽，土地不安，家先勾引瘟疫时气为难，作怪致有凶兆，连亲伤亡灶神不安，遣送则吉。

3. 艮干卦断病

艮卦日病者，四肢沉重、呕吐，天会有愿不明，损伤不安，土地作怪，勾引火烧吊死女鬼伤亡，天神将军，五道神兵山鬼，来摧钱财，庙神土地白虎游神，三牲祭礼，送之则吉。

4. 震卦断病

震卦日病者，四骨寒热，日轻夜重，主家中修造动土，犯着家先，或先年有修造有犯土府，吉神不安，勾引丧车白虎，冤家口舌，诅咒家中大小不安，宜遣之则吉。

5. 巽卦断病

巽卦日病者，沉重、呕泻、浑身虚弱、头痛心闷，腿腰胀痛；家先香火灶神土地不安，勾引河泊女伤亡，又有南方土地，引进时气瘟惶，白虎游神，五道在家为殃，三牲祭之则去也。

6. 离卦断病

离卦日病者，不思饮食、烦闷吐泻、头部昏沉；鬼出灶神土地不安，勾引时气瘟疫，连亲伤亡，又南方飞山土地不安，家先二愿不明，夜梦不祥，神昏颠倒，鸡犬作怪，又犯庙神土地，有愿未还，宜遣之则吉。

7. 坤卦断病

坤卦日病者，四肢沉重虚弱、肚腹膨胀、手足酸痛、浑身寒热、胸肋胀痛；主家先灶神土地不安，勾引山鬼洞神白虎伤亡入宅为祸，送之则吉。

8. 兑卦断病

兑卦日病者，头昏、手足酸痛无力、心腹作热、不思饮食，鸡犬六畜作怪，家神不安，有犯土神游师白虎在家，伏尸古墓作祟，口舌咒诅，冤家屡屡缠绵，夜梦不祥，西方树下土地五道先亡为祸，禳之则吉。

图式：

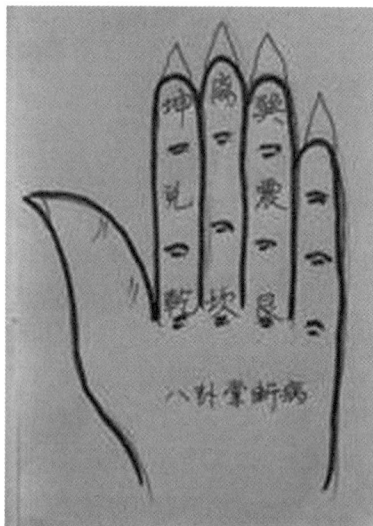

断病八卦掌

附：八卦又一断病法

歌诀：

八卦玄机最为奇，内中消息少人知。

世人若识玄机妙，便是药王真太医。

八卦之中定分毫，三教九流我先知。

问得病人真本命，丝毫不差报情由。

例：以病人的生年论，男在坎宫起甲子顺行推算，女在离宫起甲子逆行推算，直要数到本生年为止，又从此宫数至得病年打住，从此宫起正月，数到患病月，又从患病月数至患病日看是何卦断吉凶。

八卦顺序：干、坎、艮、震、巽、离、坤、兑。

断词：

1. 干兑二宫断

诗曰：

干卦头上有鬼神，病主微微六脉沉。

发冷发热兼冷气，便若雨淋水上冰。
旧愿未还招古墓，周年不好枉费心。
只有祭送方能好，如不送走不太平。

2. 坎离二宫断

诗曰：

坎离呕吐肚中饥，纵然有药也难医。
饮食不消肚肠痛，任你何处请名医。
火化先亡阴司鬼，但能遣送方安宁。
若不祭送遣依鬼怪，不自不在不太平。

3. 坤艮二宫断

诗曰：

坤艮二宫仓不开，气定结下心头怪。
四肢无力身难动，梦魂颠倒不相挨。
遇此二宫男女重，金鬼坛神惹祸灾。
日轻夜重非小可，虔诚祈福灾可免。

4. 震巽二宫断

诗曰：

震巽二宫手足麻，口吐热气眼又花。
居寒作冷又发热，肚中饥饿味不开。
仙丹妙药来相助，旧愿不还要损财。
家神勾引地府鬼，速宜祭送可免次。

三十七、圈内外得病日的看法

圈内日：1、2、3、6、8、9、10、21、22、24、27、28、29。
圈外日：4、5、7、11、12、13、14、15、16、17、18、19、20、23、25、26、
　　　　30。
断曰：病在圈内有凶有鬼，病在圆外无凶无鬼，过三五七日可好。
　　　失物在圈内可寻，在外难寻。

图式：

看圈内外得病吉凶图

三十八、各种鬼神的看法

（一大圈子，从下往上顺数排列）

飞山（下）、踩步、诸天、公安、天王、青草、飞山、三座、土地（上）、古墓、傩神、坛神、灶神、家先、净神、白虎、山神、硐神。

图式：

各种鬼神日得病吉凶图一

图式：

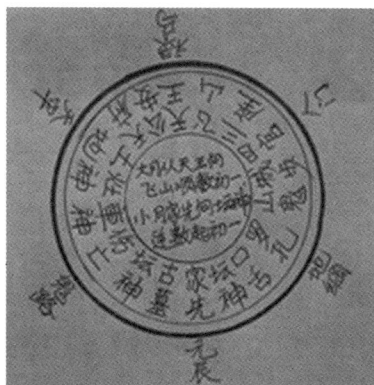

各种鬼神日得病吉凶图二

三十九、八抵日得病的看法

家先凶、退六畜。城隍吉、主有福。抵客凶、难当。土地吉、高椅坐。
五音凶、作祸殃。河泊吉、当路坐。抵主凶、人亡。百鬼烧、吐大肠。
断曰：
抵主主不祥，抵客客难当。
家先损六畜，五音作祸殃。
河泊当路坐，城理祸如降。
土地高椅坐，百鬼吐大肠。

图式：

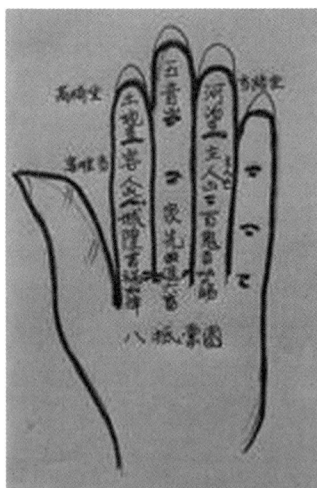

八抵日得病吉凶掌

四十、十二星日见诸般怪异吉凶断

1. 子宫吉凶断

凡属子日（鼠）所发生见到诸怪异凶兆者：

若见蛇怪，主有官司争讼之事。

若见狐怪，主有死亡之事。

若见鼠怪，主有远信回来大吉。

若见甄怪，家有欠愿不明。

若见母鸡啼怪，主人家兴旺大吉。

若见犬怪，主有旧愿不明。

若见鹊屎污衣污身怪，主有哭声孝服之事。

若见鼠咬衣裤怪，财喜吉庆之事。

2. 丑宫吉凶断

凡属丑日（牛）所发生见到诸怪异凶兆者：

若见蛇怪，主有客丧之事。

若见狐怪，家有旧愿未遂。

若见鼠怪，家有死亡之事主凶。

若见甑怪，主防退大财。

若见母鸡啼怪，主人财旺相。

若见犬怪，家欠神愿不明。

若见鹊屎污衣污身怪，主有不祥之事发丛。

若见鼠咬衣裤怪，主有口舌不利之事。

3. 寅宫吉凶断

凡属寅日(虎)所发生见到诸怪异凶兆者：

若见蛇怪，主有主孝服丧悲之事。

若见狐怪，家有旧愿不还之事。

若见鼠怪，家有死亡女鬼不安。

若见甑怪，要防小人退财之事。

若见母鸡啼怪，主一家大旺吉利。

若见犬怪，主有欠愿未还。

若见鹊屎污衣污身怪，主有未安定不利之事。

若见鼠咬衣裤怪，主有口舌咒诅之事。

4. 卯宫吉凶断

凡属卯日(兔)所发生见到诸怪异凶兆者：

若见蛇怪，主有要防男女疾病之事。

若见狐怪，主一家忧愁不绝。

若见鼠怪，主欠有神愿未还。

若见甑怪，主有旧愿摧还之事。

若见母鸡啼怪，主远方有人将至。

若见犬怪，主有意外之财到手。

若见鹊屎污衣污身怪，主散破财物之事。

若见鼠咬衣裤怪，主有信报至家。

5. 辰宫吉凶断

凡属辰日(龙)所发生见到诸怪异凶兆者：

若见蛇怪，主有疾病孝服困扰之事。

若见狐怪，主防要有凶事不利之事。

若见鼠怪，主有凶事将要发生。

若见甑怪，主得大财意外吉利之事。

若见母鸡啼怪，主人财旺相之大吉之事。

若见犬怪，主有喜信报到家里来。

若见鹊屎污衣污身怪，不吉之事将会发生。

若见鼠咬衣裤怪，主有凶事。

6. 巳宫吉凶断

凡属巳日(蛇)所发生见到诸怪异凶兆者：

若见蛇怪，主有家长会有灾难之事发生。

若见狐怪，主将有财源涌进之喜。

若见百虫怪，均属不利主凶。

若见釜甑鸣怪，主官司口舌不利之兆也。

若见母鸡啼怪，主意外不吉之事将会发生。

若见犬怪，有旧愿未还摧祭。

若见鹊屎污衣污身怪，有灾主凶之事，早防为好。

若见鼠咬衣裤怪，百事皆吉。

7. 午宫吉凶断

凡属午日(马)所发生见到诸怪异凶兆者：

若见蛇怪，主有失火之灾当防，小心火烛之事。

若见狐怪，主防妇人难产之事。

若见百虫鼠怪，主扰心不利之事。

若见釜甑鸣怪，主家里兴旺发达之事吉利。

若见母鸡啼怪，主福祥齐至吉利之事。

若见犬怪，家有旧愿未还摧祭之兆。

若见鹊屎污衣污身怪，主防疾病瘟疫侵害之事。

若见鼠咬衣裤怪，防家妻有危险凶事。

8. 未宫吉凶断

凡属未日(羊)所发生见到诸怪异凶兆者：

若见蛇怪，主有酒食大吉之事。

若见狐怪，主防将有疾病之灾。

若见鼠虫怪，主不利之事有凶当防。

若见釜甑鸣怪，主将会添人进口大吉。

若见母鸡啼怪，有旧愿未明当摧愿之兆。

若见犬怪，主防家中眷属将会患福。

若见鹊屎污衣污身怪，主防口舌诤讼之事。

若见鼠咬衣裤怪，主防火防盗失物破财。

9. 申宫吉凶断

凡属申日(猴)所发生见到诸怪异凶兆者：

若见蛇怪，主有死亡之事将要发生。

若见狐怪，主家中男女有灾。

若见鼠虫怪，主欠有神愿当还，否则有灾。

若见甑鸣怪，主有神愿未还求祭。

若见母鸡啼怪，将有孝服之凶兆也。

若见猪犬怪，主家旺相。

若见鹊屎污衣污身怪，欠有旧愿未还摧祭之兆。

若见鼠咬衣裤怪，防家中将会有凶事发生。

10. 酉宫吉凶断

凡属酉日(鸡)所发生见到诸怪异凶兆者：

若见蛇怪，主有远信将至或远人回家之事。

若见狐怪，主有酒食大吉之事将要发生。

若见鼠虫怪，主退财不吉。

若见甑鸣怪，主有好事齐至获利之事。

若见母鸡啼怪，防有争讼口舌官非之事。

若见犬怪，丰欠神愿未还摧祭。

若见鹊屎污衣污身怪，将有分别离开不吉之事。

若见鼠咬衣裤怪，主大小有灾不利之事。

11. 戌宫吉凶断

凡戌日(狗)所发生见到诸怪异凶兆者：

若见蛇怪，主有小口灾祸之事。

若见狐怪，主公事大吉。

若见鼠虫怪，诸事不吉。

若见甑鸣怪，主有喜庆公事并临大吉。

若见母鸡啼怪，主有客将至。

若见犬怪，主有欠愿未明。

若见鹊屎污衣污身怪，主有酒食大吉。

若见鼠咬衣裤怪，主虚耗财物不利。

12. 亥宫吉凶断

凡属亥日(猪)所发生见到诸怪异凶兆者：

若见蛇怪，主有家内人口不安之事。

若见狐怪，主有财喜并至之吉。

若见鼠虫怪，主男女有灾不利。

若见甑鸣怪，主婚姻之事当临大吉。

若见母鸡啼怪，主有贵客将至。

若见犬怪，主六畜有灾。

若见鹊屎污衣污身怪，防死亡之事将会发生。

若见鼠咬衣裤怪，主有麻烦乱事不吉。

四十一、每日天干所见各色怪异吉凶断

1. 甲乙属木的天干所见各色怪异兆头

若见青色怪异者，主有喜庆之事。

若见赤色怪异者，主要防火小心火烛之事。

若见白色怪异兆头者，主防将有口舌争讼官非之事。

若见黑色怪异凶兆者，主防口舌是非疾病凶灾之事。

若见黄色怪异兆头者，主防孝服哭号悲伤之事。

2. 丙丁属木火天干所见各色怪异兆头

若见青色怪异者，主有官禄贵气名誉远扬之事。

若见赤色怪异者，主有女思吉利喜庆事。

若见白色怪异兆头者，主防孝服奔丧死亡等凶事。

若见黑色怪异凶兆者，主防有官非争讼口舌是非之事。

若见黄色怪异兆头者，主防口舌是非官司之事。

3. 戊己属土的天干所见各色怪异兆头

若见青色怪异者，主官非争讼口舌是非小话事。

若见赤色怪异者，主防火烛失火之事宜小心防范。

若见白色怪异兆头者，主防口舌官非之事。

若见黑色怪异凶兆者，主无事。

若见黄色怪异兆头者，主有吉利进财喜信之事。

4. 庚辛属金的天干所见各色怪异兆头

若见青色怪异者，主防官非冤枉争讼之事。

若见赤色怪异者，主防疾病瘟疫时气之事。

若见白色怪异兆头者，主有官贵提携获名获利吉庆之事。

若见黑色怪异凶兆者，主防破财失物盗耗之事。

若见黄色怪异兆头者，主有进财获利吉庆之事。

5. 壬乐属水的天干所见各色怪异兆头

若见青色怪异者，主防破财失脱盗耗之事。

若见赤色怪异者，主进财获利之事。

若见白色怪异兆头者，主升官显达名利双收吉庆之事。

若见黑色怪异凶兆者，主无事大吉。

若见黄色怪异兆头者，主凡事须防变凶不利。

四十二、每月日期怪异吉凶断

初一日，凡是本日见诸怪异兆头主不祥，宜小心提防为好。

初二日，凡是本日见诸怪异兆头主吉利，不必担心。

初三日，凡是本日见诸怪异兆头主要防火，小心火烛为好。

初四日，凡是本日见诸怪异兆头主防疾病或有孝服，宜早作准备。

初五日，凡是本日见诸怪异兆头主会有口舌是非，小心防范。

初六日，凡是本日见诸怪异兆头主会有喜庆之事发生。

初七日，凡是本日见诸怪异兆头主会丢失财物，防破财盗耗之事。

初八日，凡是本日见诸怪异兆头主会遭窃贼，宜小防盗。

初九日，凡是本日见诸怪异兆头主会得意外之财喜。

初十日，凡属本日见诸怪异兆头主凡事大吉，放心无事。

十一日，凡属本日见诸怪异兆头主防范口舌是非纠缠。

十二日，凡属本日见诸怪异兆头主会得财，但须防孝服悲哀之事。

十三日，凡属本日见诸怪异兆头主防疾病困扰。

十四日，凡属本日见诸怪异兆头主会有灾难祸害之事发生。

十五日，凡属本日见诸怪异兆头主家中六畜会有灾难或走失。

十六日，凡属本日见诸怪异兆头主凡事吉利，不必担扰。

十七日，凡属本日见诸怪异兆头主宜防官非争讼冤枉曲直。

十八日，凡属本日见诸怪异兆头主凡事不吉有凶，宜多加小心防范。

十九日，凡属本日见诸怪异兆头主会耗散财物。

二十日，凡属本日见诸怪异兆头主防盗贼或者孝服加身。

廿一日，凡属本日见诸怪异兆头主防火灾，小心火烛。

廿二日，凡属本日见诸怪异兆头主防疾病瘟疫侵害。

廿三日，凡属本日见诸怪异兆头主防口舌是非纠缠。

廿四日，凡属本日见诸怪异兆头主有进财喜庆之事将要发生。

廿五日，凡属本日见诸怪异兆头主防盗贼和孝服悲伤。

廿六日，凡属本日见诸怪异兆头主防失物破财之事。

廿七日，凡属本日见诸怪异兆头主防止火灾的发生，小心火烛。

廿八日，凡属本日见诸怪异兆头主防丢官之灾以及孝服。

廿九日，凡属本日见诸怪异兆头主防是非口舌、官非争讼。

三十日、凡属本日见诸怪异兆头主防丢失财物、破财耗散之事。

四十三、十二神怪异吉凶断

建日见诸怪异者，父母病，解者主吉，不解者主还会有口舌是非。

除日见诸怪异者，西方有死亡之扰，解者则吉。

满日见诸怪异者，家神为祸，解之则吉，西方奴婢有失。

平日见诸怪异者，家先灶神为祸，祭之吉，西方有灾。

定日见诸怪异者，主家会失火，六十日内不解，主家有灾。

执日见诸怪异者，家忧火光之灾，六十日不利，解吉并得财。

破日见诸怪异者，孤寡两家防病，女家凶。

危日见诸怪异者，主三十日内防灾祸。

成日见诸怪异者，防女人意外死亡，主凶。

收日见诸怪异者，家中口舌，小男孩有忧，解者则吉，五十日内获财。

开日见诸怪异者，恐有死亡之事发生，主凶。

闭日见诸怪异者，主得财，六十日内到手。

四十四、八神怪异吉凶断

方法：大月从主向百神顺数，小月从客向城隍逆数，周而复始。

顺序：主人、百鬼、家先、城隍、客亡、土地、五递、河泊。

吉凶：损财、大吉、凶也、大吉、损财、大吉、凶也、大吉。

断曰：依法推算看见怪异的日子逢某神值日，则按其吉凶来断。

图式：

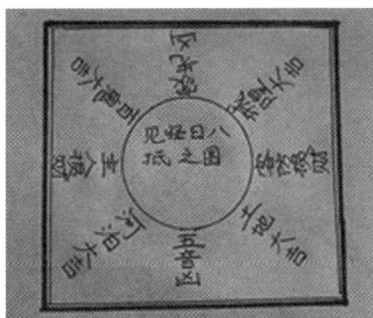

八神怪异吉凶图

四十五、六甲祭祀吉凶日

六甲日、真君断、法师选、鬼神隔、送神远近吉凶断。

＊＊＊　＊＊＊　＊＊＊　＊＊＊

甲子日、大吉兆、大吉，5、11 月逢鬼隔，送去大吉。

乙丑日、大吉兆、大吉，3、9 月逢神隔，送出大门边杀师大凶。

丙寅日、大凶，大吉庆，4、10 月逢鬼隔，送神去千里大吉。

丁卯日、大吉利、大凶，2、8 月逢神隔，送神不去杀女人大凶。

戊辰日、大吉利、大凶，3、9 月逢鬼隔，只送出大门边不去杀主人大凶。

己巳日、大吉利、大凶，1、7 月逢神隔，出大门边不去杀本人大凶。

庚午日、大凶、大吉庆，2、8月鬼隔，送去千里大吉。

辛未日、大凶、大凶，6、12月逢神隔，送去千里大吉。

壬申日、大吉、大凶，1、7月逢鬼隔，送去三日便返回来凶。

癸酉日、祭水吉余凶、大凶，5、11月逢神隔，送神不去主凶。

甲戌日、只辰时吉、大吉，6、12月逢鬼隔，送去千里大吉。

乙亥日、辰时吉、大吉，4、10且逢神隔，送去千里大吉。

丙子日、大凶、大吉，5、10月逢鬼隔，送神防损财吉。

丁丑日、大凶、大吉，3、9月逢神隔，送神不去杀女人大凶。

戊寅日、大凶、大吉，4、10月逢鬼隔，送去三千里大吉。

己卯日、大吉、大吉，2、8月逢神隔，送神不去主凶。

庚辰日、大吉、一年内凶，3、9月逢鬼隔，送去千里大吉。

辛巳日、大凶，同上，1、7月神隔，送神主破财大凶。

壬午日、大凶、一年内凶，2、8月逢逢鬼隔，送神不去伤人凶。

六甲日，真君断，法师选，鬼神隔，送神远近吉凶断。

癸未日、大凶、大凶，6、12月逢神隔，只去三日返杀人口大凶。

甲申日、大利、大吉，1、7月逢鬼隔，送去千里吉。

乙酉日、大利、大吉，5、11月逢神隔，送去万里大吉。

丙戌日、大吉庆、大吉，6、12月逢鬼隔，送去千里吉。

丁亥日、大吉庆、大凶，4、10月逢神隔，送不去凶。

戊子日、大凶、凶，5、11月逢鬼隔，送去西方大吉。

己丑日、大凶、平安吉，3、9月逢神隔，送不去凶。

庚寅日、伤师凶、大凶，4、10月逢鬼隔，送去西方大吉。

辛卯日、平平、大凶，2、8月遇神隔，送去千里吉。

壬辰日、大凶、大吉，3、9月逢鬼隔，送去千里吉。

癸巳日、大凶、大凶，1、7月逢神隔，送不去杀家长大凶。

甲午日、上吉、大吉，2、8月逢鬼隔，送去万里大吉。

乙未日、小吉、大吉，6、12月逢神隔，送去千里吉。

丙申日、大凶、大吉，1、7月逢鬼隔，送去西方大吉。

丁酉日、大凶、大吉，5、11月逢神隔，送不去杀人口大凶。

戊戌日、大凶、大吉，6、12月逢鬼隔，送不去杀人口大凶。

己亥日、大吉、大吉，4、10月逢神隔，送去千里吉。

庚子日、大凶、大吉，5、11月逢鬼隔，送去但会杀人口凶。

辛丑日、大凶、大吉，3、9月逢神隔，送不去会杀家主大凶。

壬寅日、大吉、大吉，4、10 月逢鬼隔，送不去凶。

六甲日、真君断，法师选，鬼神隔，送神远近吉凶断。

癸卯日、大吉、大吉，2、8 月逢神隔，送去千里吉。

甲辰日、大凶、主凶，3、9 月逢鬼隔，送不去损人口大凶。

乙巳日、大吉、主凶，1、7 月逢神隔，送去千里吉。

丙午日、大凶、大凶，2、8 月逢鬼隔，送不去主死人口大凶。

丁未日、大吉、大凶，6、12 月逢神隔，送去千里吉。

戊申日、伤师凶、大吉，1、7 月逢鬼隔，送去千里吉。

己酉日、大吉、大吉，5、11 月逢神隔，送去里吉。

庚戌日、大凶、大吉，6、12 月逢鬼隔，送去千里吉。

辛亥日、大凶、大吉，4、10 月逢神隔，送神损人口大凶。

壬子日、大凶、平平，5、11 月逢鬼隔，送去三千里大吉。

癸丑日、大凶、平平，3、9 月逢神隔，送不去损人口大凶。

甲寅日、大吉、平平，4、10 月逢鬼隔，送去千里吉。

乙卯日、大吉、平平，2、8 月逢神隔，送神不去凶。

丙辰日、大凶、大凶，3、9 月逢鬼隔，送神不去凶。

丁巳日、大凶、大凶，1、7 月逢神隔，送去西方大吉。

戊午日、大凶，神不受，2、8 月逢鬼隔，送不去杀女人凶。

己未日、大凶、大吉，6、12 月逢神隔，送神会损财凶。

庚申日、大吉利、大吉兆，1、7 月逢鬼隔，送去千里吉。

辛酉日、大凶、大吉兆，5、11 月逢神隔，送不去凶。

壬戌日、大凶、不用，6、12 月逢鬼隔，送神会损财凶。

癸亥日、大凶、不用，10 月逢神隔，送不去杀人口大凶。

四十六、送神掌

顺序：1、2、3、4、5、6、7、8。

      主人、白鬼、家先、城隍、百鬼、土地、五音、河泊。

方法：大月从主人起初一向白客顺数，至送神日。

      小月从百鬼起初一向城隍逆数，至送神日。

断曰：

城隍大吉昌，逢主主人亡。

白鬼当可用，家先常来往。

百客绝客湟，五音损五谷。

土地损六畜，河泊大吉祥。

图式：

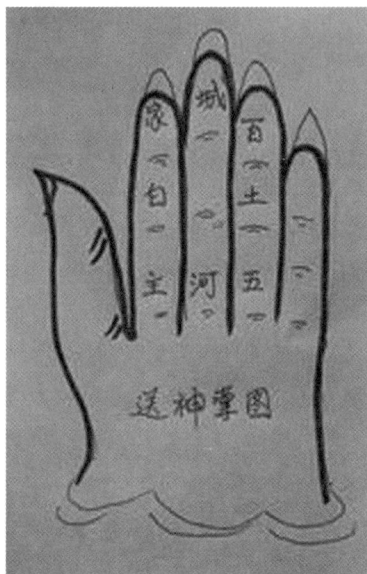

送神吉凶掌

四十七、祭祀选择避忌简易法

月份	老君百事忌日	神隔日	鬼隔日	杨公忌日	神号日	鬼哭日	重祭日	重复日	八败日	破耗日
1 月	7、10	巳	申	13	戌	未	甲	庚	辰	申
2 月	9、4	卯	午	11	亥	戌	乙	辛	丑	酉
3 月	15、26	丑	辰	9	子	辰	己	己	戌	戌
4 月	9、22	亥	寅	7	丑	寅	丙	壬	未	亥
5 月	1、6	酉	子	5	寅	午	丁	癸	申	子
6 月	1、15	未	戌	3	卯	子	己	戊	子	丑
7 月	12、13	巳	申	1、29	辰	酉	庚	甲	辰	寅
8 月	18、19、25	卯	午	27	巳	申	辛	乙	丑	卯
9 月	3、9、12、22	丑	辰	25	午	巳	己	己	戌	辰
10 月	10、14	亥	寅	23	未	亥	丙	壬	未	巳
11 月	21、23	酉	子	21	申	丑	癸	丁	申	午
12 月	6、8、25	未	戌	19	酉	卯	己	己	子	未

后 记

　　笔者在本家 32 代祖传的丰厚资料的基础上，通过 50 多年来对湖南、贵州、四川、湖北、重庆等五省市及周边各地苗族巴代文化资料挖掘、搜集、整理和译注，最终完成了这套《湘西苗族民间传统文化丛书》。

　　本套丛书共 7 大类 76 本 2500 多万字及 4000 余幅仪式彩图，这在学术界可谓鸿篇巨制。如此成就的取得，除了本宗本祖、本家本人、本师本徒、本亲本眷之人力、财力、物力的投入外，还离不开政界、学术界以及其他社会各界热爱苗族文化的仁人志士的大力支持。首先，要感谢湖南省民族宗教事务委员会、湘西州政府、湘西州人大、湘西州政协、湘西州文化旅游广电局、花垣县委、花垣县民族宗教事务和旅游文化广电新闻出版局、吉首大学历史文化学院、吉首大学音乐舞蹈学院、湖南省社科联等各级领导和有关工作人员的大力支持；其次，要感谢中南大学出版社积极申报国家出版基金，使本套丛书顺利出版；最后，还要感谢苗族文化研究者、爱好者的大力推崇。他们的支持与鼓励，将为苗族巴代文化迈入新时代打下牢固的基础、搭建良好的平台；他们的功绩，将铭刻于苗族文化发展的里程碑，将载入史册。《湘西苗族民间传统文化丛书》会记住他们，苗族文化阵营会记住他们，苗族的文明史会记住他们，苗族的子子孙孙也会永远记住他们。

　　本书主要介绍巴代叩许神愿和巴代查病书。由于对苗族巴代文化的研究还有待进一步深入，其中诸多术语、论断有可能还不够完善，还由于工程巨大、牵涉面广、时间仓促，错误在所难免，诚望读者海涵、指正。

　　浩浩宇宙，莽莽苍穹，茫茫大地，悠悠岁月，古往今来，曾有我者，一闪而过，何失何得？我们匆匆忙忙地从来处来，又将急急促促地奔向去处，当下只不过是到人世这个驿站小驻一下。人生虽然只是一闪而过，但我们总该为这个驿站做点什么或留点什么。瞬间的灵光，留下一丝丝印记，那是供人们记忆的。最后我们还得从容地走，而且要走得自然、安详、果断，消失得无影无踪……

编　者

2019 年 11 月

图书在版编目（CIP）数据

许愿标志／石寿贵编. —长沙：中南大学出版
社，2019.12

（湘西苗族民间传统文化丛书）

ISBN 978 - 7 - 5487 - 3819 - 0

Ⅰ.①许… Ⅱ.①石… Ⅲ.①苗族－祭祀－民族文化
－介绍－湘西土家族苗族自治州 Ⅳ.①K892.29

中国版本图书馆 CIP 数据核字（2019）第 257006 号

许愿标志

XUYUAN BIAOZHI

石寿贵　编

□**责任编辑**	彭亚非		
□**责任印制**	易红卫		
□**出版发行**	中南大学出版社		
	社址：长沙市麓山南路	邮编：410083	
	发行科电话：0731 - 88876770	传真：0731 - 88710482	
□**印　　装**	湖南省众鑫印务有限公司		

□**开　　本**	710 mm×1000 mm 1/16	□**印张** 15.25	□**字数** 269 千字	□**插页** 2
□**版　　次**	2019 年 12 月第 1 版	□2019 年 12 月第 1 次印刷		
□**书　　号**	ISBN 978 - 7 - 5487 - 3819 - 0			
□**定　　价**	208.00 元			

图书出现印装问题，请与经销商调换